マテーシス流

バカロレア解答例集

受験者氏名：高橋 昌久

風詠社

緒言

バカロレア（Baccalauréat）とは、フランスにおける高等学校教育が修了したしたことを認定する国家試験であり、フランスの青年たちはこの資格をもって大学に進学することになる。そしてこの試験の中には「哲学」（philosophie）という科目が存在するのだが、この科目は記述式で、また大層難解なことで世界的に高名である。今回著者の高橋氏が思考を展開する場として選んだのがまさにこのバカロレアの哲学科目の試験である。

日本においても東大や京大などの大学入試の二次試験では記述式の設問が付される場合が大半であるが、この記述式試験を何の対策も立てず本当に「型」なしで「自由」に書く受験生はまずいないであろう。また大学で哲学に携わる方には周知の事実だと思うが、思考や記述（表現）を含む「哲学する（philosopher）」という行為にも「型」や「方法（la méthode）」と言い得るものがあるといっても過言ではない。故に、我々はわざわざ大学で「哲学する」なるものを学ぶのである（正確には、「学んだのである」）。

フランスのバカロレアにおいても、いくら設問内容が高尚だとしてもそこは「お受験」である以上、国家の教育関係担当者の理想とする「フランス的」な学生像の反映や受験産業の指導などによる記述の原型というべきものが存在するのであり、それ故自分自身を大哲学者だと信じ本当にその場で「霊感」にまかせて回答を書き出す生徒はまずいないだろう。つまり、必ずや設問の外に良くも悪くも受験生に求められるべき規範と制約があり、この準備と対策をしてから試験に臨むことになるのだ。故に試験という人生を賭けた場で敢えてこの枠からはみ出そうとする者はいないであろう。キャリア形成の一歩なのだから。こういった話題に関する専門的な話は、本文の始まる段階で他社の書籍を薦めるのもどうかとは思うが、「坂本尚志『バカロレア幸福論――フランスの高校生に学ぶ哲学的思考のレッスン』星海社、二〇一八年」という素晴らしい研究があるのでそちらを参考にされたい。

本著作は「受験対策」を目的に執筆されたものでなければ、国や大学、また受験産業や見知らぬ誰かに課される「哲学」を行ったものではない。今回著者の高橋氏は、彼が「哲学する」に際し用いる「対話編」という「型」或いは「方法」を用いて「哲学」国フランスが誇るバカロレアに新しい回答を与えている。本書が「マテーシス流」という名を関する所以はそこに存する。平素より執筆を通し日常に潜む権威や慣習にメスを入れ、学問の枠を飛び越えた人生を巡る諸問題に、そして「学ぶこと」や「哲学する」ことそのものにまで問いを投げかけ続けている著者の思想を、読者の皆様に堪能していただければ幸甚である。

尚、本文で著者がギリシア語で表記したものは技術的な問題でラテン・アルファベットで転写してあるが、転写方法は現代の発音に基づいたもので行っている。弊社のでは、外国語はその国の現地の現在用いられている発音に基づいてカタカナで転写する方針を採用しているが、古典ギリシアの文物は著者が再建音に基づいた転写を行っており、著者の方針を最優先しそのままとした。

二〇二一年五月　京緑社編集部

（二〇二四年六月追記）本書は京緑社の kindle 版第六版に基づいている。

風詠社版への序文

今回改めて『マテーシス流バカロレア解答集』に幾つかの問題の解答を加えた上で、出版することになった。

本書はもともと「バカロレアの哲学問題を実際に解いてみたら面白いんじゃない？」という思いつきで始まったものであり、この作品を出してどうしようというわけでもない、アイディア一発勝負の作品である。とはいえ我ながらいいアイディアであったと思う。私が観測した範囲では、日本でバカロレアに関して述べている本はほぼ全てがバカロレアという制度について研究・論じたものであり、実際に解いたものを知らない。それ故に意外とオリジナリティのある作品に仕上がったと感じている。

流石に伝統あるバカロレア問題だけあって、哲学の問題も簡素ながら深い問題が多く、自分の持っている思想哲学を対話編を通して本書でうまく描写することができたと思う。

二〇二四年六月　高橋昌久

目次

働くことで人間は何を得るか？

Que gagne-t-on en travaillant ?

（二〇一二、哲学）

ソクラテス：人は働くことで何を得るか、と聞かれればなんと答えるかね。

マテーシス：そりゃあもう、金じゃないのでしょうか。

ソ：それはまた、随分とシンプルな回答だね。

マ：しかし事実だと思いますがね。以前そちらが述べていたように、本当に深い真理は簡素な言葉で表現される、と。

ソ：確かにね。正直これだけでこの問題の対話を終わらせても問題なさそうなのだが、それだと怒られそうなので、続けようではないか。ともかく金以外には何か思いつくかね。

マ：技能ですかね。靴屋なら靴に関する技術を身につけ、なんらかの電子機器を取り扱う者ならそれに関する技術を身につける。兵士なら戦闘に関する技術を身につけるし、芸術家ならその創作に関する色々な技術を身につけるのではないでしょうか。

ソ：それは誤りではないね。というか当たり前のことではある。しかし要するにこの質問の真意はこういうことではないかね。「人は働くことによって成長するのか」という感じに。

マ：世間でもよく言われることですね。金等が物質的なものに対して、成長等は精神的なもの。

ソ：職業の技術はその中間とも言えるね。

マ：はい。

ソ：では聞こう、君は人が働くことによって「成長」することが可能なのか、どうかということをね。

マ：しかしその場合「成長」とは何かを考慮するべきかと思います。

ソ：確かにね、ではこうしよう、人は「変わる」ことはあるのかね、労働を通してね。

マ：そうですね。それはあると思います。技能を身につければそれだけでその人間は別人と言ってもいいですし、金とかの物質的な側面でも人間の精神にも影響を与えるでしょう。労働を通して金を得れば、仮にも一人暮らしをするようになる。そうすれば仮にも自立ですので、その状態になかった両親とか他人に依存している状態に比べれば、「変わった」と言えるでしょうし、「成長」と捉えても間違いないでしょう。

ソ：ふむ。

マ：まあ、今度は会社に依存しているから「自立」とは言えないのでないか、という反駁も出てきますがね。

ソ：そうだね。ともかく「変わる」ことは間違いなさそうだ。マ：更に、労働を通して得られるものがあるかと思います。

ソ：ほう、それはなんだね。

マ：世間体、並びに承認欲求です。

ソ：成る程ね。これまた随分俗的な要素を持ち出したが、君の言う世間体とやらはそれだけではあるまい。もっと深さがあるはずだ。

マ：そうです。だから「世間体」という呼称が間違いかもしれません。あなたも、そして私自身も「世間体」なるものを馬鹿にしていました。哲学者ですからね。しかし、第一に「世間体」なるものは実は存在もし、存在もしないような、それ自身が矛盾した要素だと考えるのです。誰しも新しい人と出会えば、その人間に対して判断を下すでしょう。それはむしろ、なんというか、本能的に正しいことかと思います。そして何をしているのか、どういう風に生きているのか、ということを無意識的には考えるわけです。これは貴方自身もそうではありませんか。

ソ：そうだね。そしてその無意識的に行われるその人間に対する判断が、世間体というわけかね？

マ：そうです。成る程、俗な人間なら相手を俗な風にしか判断しないでしょう。相手の勤めている企業は、そこでの役職は、年収は、等々というわけです。

ソ：確かにそうだね。

マ：では、高慢かもしれませんが、俗を離れ真理へと向かっている我々は他人をそんな風には決して評価はしないでしょう。つまり、どれだけ教養を積んでいるのか、高邁なのか卑俗な性格なのか、独創的なのか、とかそういう具合です。しかしですよ、結局のところこれもまた、「評価」であるということには変わりはないですよね。いうならより「厳しい」評価ですよね。

ソ：そうだね。つまり君はこう言いたいわけだね、その仕方はともかく世間体的な評価自体は全ての人間がすると。

マ：はい。私たち二人は会社で働いていない。つまり俗的な世間体はゼロの状態です。しかし哲学者として相応の力量を持っている以上、馬鹿にしてくる人間はいないわけです。堂々と「無職です」と言えるわけです。ですから私達は「世間体」なるものを軽蔑できるのです。「世間体」を得ているからこそです。一つお聞きしたいのですが、仮にここに三十歳の人間がいて、その人間は親に依存していて自身の収入が殆どないとしましょう。勿論、教養なるものもほぼゼロです。貴方は軽蔑するでしょう？

ソ：するね。

マ：そういうことです。

ソ：つまり君はこう言いたいのかね、労働によってその「世間体」とやらを得ると？

マ：そうですね。そして「世間体」というよりもそれ以上に「承認欲求」を得るということです。この「承認欲求」は誰かに褒められるという単純なものもありますが、もっと根源的なものだと考えています。ですからこれまた「承認欲求」という単語の使い方はよくないのかもしれません。

ソ：根源的、つまり、人間の根源、それを認証してくれることかね。

マ：そうですね。そんな感じです。人には根源的な部分、核というか、コアというか、自分の存在そのものを司る何かがあります。これはなんというかその人自身でも普段意識していないところのものです。そして大人であればあるほど、それを求めます。むしろ求めるべきだと思うのです。確かになんでも常に人に褒めてもらいたいという虚栄的な欲求は、大人ならむしろ理性によって抑えるべきでしょう。しかしこの承認欲求、根源的な意味の方です、は獲得するものかと思います。自分の存在を、物理的な意味でなく矜持的意味や価値的な意味で、認められなければなりません。勿論、いくらなんでも国民全員というのは不可能でしょう。しかしそれが誰にも認められない、というのもまたなんというか恥ずべきもの、そんな感じがするのです。先ほどの三十の親への寄生虫も、法律的には何一つ違法なことはしていません。誰に対しても迷惑はかけていないでしょう。しかし、根源的に駄目と言いますか、単に社会貢献してないとかじゃなくて、倫理の究極始点に反している、漠然とながらそう思うのです。

ソ：そしてその承認を得るのが労働である、と君はそう言いたいわけかね。

マ：そうです。底辺的な仕事から頂点的な仕事まで（何が底辺で頂点かはあえて言いませんが）、ともかくそれを果たせば僅かながら存在が認められることになると思います。成る程、その仕事を行っているのが下衆な人間だったり貪欲な人間だったりするでしょう。私が何かの料理店に入って、そこで料理を作り、金を貰って提供する人間が碌でも無い人間で、このケースでなければまず間違いなく関わることがない人間であることも十分にあり得ましょう。彼も別に善意で料理を作ってくれているのではなく、当然こっちが代金を払っているから作るのも百も承知です。しかしながら、彼の作った料理を私が食べ、食べた後レジでお金を払えば、私がはっきりとは意識はせずとも彼をなんらかで「承認」したということになります。

ソ：成る程ね。確かに君の言っていることは面白いことだ。つまり一言でざっくりといえば「社会の一員」になる、ということだね。いや、それを更に発展して君の場合、「人間の一員」になる、とした方が正しいかもしれないね。

マ：はい、そう表現することができると思います。

ソ：中々面白い回答だ。君は根源的な承認欲求を満たす為に労働する「べき」だ、と述べた。私は道徳論的なもの、「〜べき」論というものはあまり関心を示さないのだ。少なくとも事実そのものと比べてね。しかしどうにもつい納得してしまうようなものが君の回答に含まれているように感じるよ。

マ：ありがとうございます。

ソ：しかし労働といっても、別に必ずしも人に役立つものとは限らない。いや、役に立たないどころか他人に害を与えるものもある。転売屋、詐欺師、そういったものだが、君は今まで述べてきた理論からすると、その根源的な承認欲求が満たされることがないから、それらに価値はないと考えていると私は推測しているのだが、果たしてどうかね。

マ：そうです仰る通りです。車は死傷者を出し、煙草は身体に害を与えることは間違いないです。しかし前者は社会をより便利にし、後者は精神的には有益な部分もまたあるでしょう。だから単なる害ではありません。それに携わる人間はなんらかの承認が得られるかと思います。しかし転売屋だの、詐欺師だのにはそんな承認を与えることは私たちは勿論のこと、世間の人々もないでしょう。

ソ：そうだね。とすると哲学的な撞着がまた生じてしまったみたいだ。他人の評価を気にするのは愚の骨頂だった筈が、気にせねばならないとはね。しかもどちらも理に適っているように見える。実に、実に……。

マ：実に？

ソ：続く言葉が思いつかないね。愉しい、としておこう。

労働を減らすことは、より良く生きることであるか？

Travailler moins, est-ce vivre mieux ?

（二〇一六、哲学）

ソクラテス：労働とは人類において切っても切れない縁にある代物だ。「人類」としたのは個人によっては労働しなくてもいい人物もいるからであり、さらにそういう人も労働と全く無縁になることはありえない。

マテーシス：それは一体なぜでしょう。

ソ：例えば金持ちがいるとしよう。その人間は残りの生涯働かなくてもいい環境にいるのなら、労働はしなくても良い。だが労働とは無縁ではいられないのであり、例えばその人間が住んでいる住まいや、食べ物、娯楽そういったことは他の人間の労働によって生み出される代物である。裏を返せばそういった労働がなければ、その人間はそういったものも享受できないこととなる。そういうわけで間接的にはやはりこの金持ちもまた労働に関わっているのだ。

マ：なるほど、確かに。

ソ：さて、この問を考察するにあたっては、次の二点をはっきりさせる必要がある。「労働」とはどのようなものを指し、「よりよく生きる」とはどのような生き方なのか。「良い」生き方と「良くない」生き方とは何か。

マ：はい。

ソ：さて、この「労働」だがこの言葉を聞いて抱くイメージは各自異なる。建築や土木、飲食といった肉体系は「労働」のイメージが強い。一方で営業、事務、会計、といったものも「労働」と捉えられる。更に経営も「労働」かと思う。結局この「労働」という単語が結構ややこしく「勤め」とも「仕事」とも置き換えられるが、その際人の各々の単語の定義は異なるだろう。これらの語義の詳細に入っていくと時間がかかりそうなので、私は次のように定義したい。「金が絡む作業」もっと分かりやすく言うなら「対価として金銭あるいはその他の利が払われることを目指した作業」というのはどうだろう。

マ：つまり、給料が支払われることをもっぱら指すわけですね。

ソ：そうだ、対価が支払われそれを目指すというのは、間接的に金を払うものに指図されているような状態を指す。会社員なら上司の指示を直接的に受ける存在だが、対価を目指すのも顧客から間接的に指示を受けているとも言えるだろう。ともかく、他人の指示があるようなものは「労働」と言えるのではないだろうか。

マ：そうですね。しかし対価は支払われてはいるものの、本人はそこまで金に頓着がないこともあるかもしれませんね。

ソ：そうだね。だから、こうしてみるのもいいかもしれない。その人間が対価として何一つ得られない状態でもなお、その人間はその作業を行うかどうか。これによりそれが「労働」か否かを分けられる一つの基準というか試金石になるのではなかろうか。

マ：なるほど。

ソ：さて、このことが「よりよく生きる」ということの具体的な定義に密接に関連してくると私は考えている。というのも「労働」とは強制された側面が強い。そして労働を減らすことはそれだけその「強制」がなくなるということだ。まあ言ってみれば、「自分らしく」生きることができるということだ。そして強制されてない状態の方が、強制されている状態よりも「より良い」と考えるのが妥当ではないかね？

マ：はい。確かにそうではあると思います。そして部分的には正しいでしょう。しかしながら労働がなくなり、働かなくてもいい状態になって逆に駄目になった人もいるというのはよくある話です。それまで労働をしていた人が宝くじやら定年退職やら遺産相続やらで突然労働をしなくても良くなったわけですが、それでいざ自由に過ごしてみると退屈で無気力になり、非生産的な生き方になります。あるいは楽な環境にいるので、精神がどんどんどんどん柔になっていき、一種の幼児化現象に陥ることもあります。

ソ：確かにそういうこともある。「自由とは山嶺の空気に似ている。どちらも弱い者には耐えられない」という言葉があるし、「幸運に耐えるには不幸に耐える以上の気概が必要である」という言葉もある。労働がなくなって本当の意味で「より良い」生き方をするのは最もこういった自由に耐えられるだけの気概を持った人間であろう。かのアリストテレスは、人間は生まれつき使われる存在と使う存在に分けられるとかいうことを言っていたはずだが、あながち間違いではないのだろう。使われる存在とは、他人の指示に齷齪動くことによりその本領を発揮するものと言える。私の意見としては生まれつきだけではなく、育った環境も大きな要因だと考えているがね。ともかく使われる存在が使われることがなくなったのなら一種の存在意義の喪失になり、態様は様々だがそれがその人間の精神に異常をきたすようになるのかもしれないね。そして自由に耐えられる気概を持つのは使う存在、あるいは使うわけでも使われるわけでもない存在と言えるだろう。絶対的にこれが正しいというつもりはないがね。

マ：しかしそれだと奇妙なことですが、その使う存在も、使うわけでも使われるわけでもない存在も、もともと労働とは直接的には無縁であったわけですから、そういう意味では労働をなくしても意味がないのかもしれませんね。

ソ：そうだね。しかし私が今まで述べてきたことはあくまで個人の観点であり、つまりミクロ的な観点である。次はマクロ的な観点、つまり社会全体、国家全体の観点から考察していくとまた別の結果が出てくる。

マ：それはどういうことでしょう？

ソ：つまりだ、先ほども述べたように労働する者がなければ社会の機能、生産性、便利さは維持されないのだ。しばし見落とされがちだが労働は労働だけで完結しているわけではない。労働をすればそれは消費者、ひいては社会へとその成果が還元されていくものだ。建築労働をすればそれはある人に住まいを提供することになり、飲食屋で料理すればやはり客がその料理を召し上がるというわけだ。更に先ほど対価を得るのを労働と述べたわけだが、つまり対価を得ることがなくなればその労働をする者はほとんどいなくなるだろう。だから労働は対価を受け取ることにより面倒ごとを引き受けるようなものだ。ちょうど自分の部屋が片付いていなくて、片付けるのが面倒だから金を払って誰かにやらせるという具合にね。さて、もし労働が楽になればその分のつけは消費者側に回っていくだろう。「誰かの得は誰かの損である」というのがこの社会の仕組みだが、労働が優しくなれば消費者にとって不便になるだろう。また社会において優れた業績・商品・サービス等はそれに見合うだけの厳しい労力を注ぐ必要がある。これまた労働が楽になればそういう優れたものを提供することは難しくなっていくであろう。文学や哲学においてもそうではないかね。大きな価値を持つ作品は、平常人がとても想像もつかないような質と量の努力、つまり才分と労力、を著者が注いだからこそ生まれるものである。だから労働がマクロ的に楽になれば優れたものは生み出されにくくなり、そして時間がある「より良い」生き方をしている人がそれを活用したりして、更に別の形で還元し返すこともなくなる。また、不便になれば単純に「より良い生き方」の精度も下がるだろう。

マ：では労働は厳しい方がいいと？

ソ：いや、そうとも言えない。というより労働は優しい方がいいのか、厳しい方がいいのか、二者択一で断定できるものではない。だが事実として、世界や国がどれほど人道的になり民主主義的になったとしても、結局のところ奴隷制は本当の意味ではなくなっていないと言えるのだ。奴隷制とは奴隷が面倒な労働をして、それを主人にとって便利にさせる。今の時代では奴隷という呼称はなくなり、誰にもある程度自由が効くし、奴隷が時には消費者として主人になることもある。とはいえ、誰かが面倒な労働をしてもっぱら恵まれている者に奉仕する。この奴隷制の根幹はなくなってはいない。そしておそらく今後ともなくなることはないであろう。まあ例外があるとすれば別の国からの移民を引っ張ったりすればいいのかもしれないがね。それも一種の侵略戦争といえばそうだが。毎月国民にベーシック・インカムとかいう一定の金額を給付したりする案とか、好きなことを仕事にすればいいとか、ＡＩとかいう機械が面倒な労働を奪うとか言われているが、こういったものは所詮夢想の夢物語さ。金が無条件で給付されたところで面倒な労働はやらなければ社会は回らないし、仕事が好きなことで面倒なら金を払われることはない。労働は善のための悪、いわゆる必要悪というやつかもね。

自分自身を知るのは何のためか？
Pourquoi chercher à se connaître soi-même ?

（二〇一四、哲学）

ソクラテス：“Gnothi seafton（汝自身を知れ）”と言うが、さてそれはどういう意味なのか。その言葉を発した他ならぬ私がいうのも変だが、今一度考察してみよう。私が弁明した時の文脈に限らず、自由に解釈してみることにしよう。君はどう思うかね。

マテーシス：まず自分というのはどれだけ自分のことを知っているものでしょうか。まあその言葉がある以上、自分は自分を完全には知っていないとしたものでしょうが、では自分は自分のどれを知っていて、どれを知らないのでしょうか。自分の名前は知っているし、生まれた家や今住んでいる家についても知っている。自分の身長や体重も知っていることでしょう。しかしやはりその言葉の意味するところは肉体的で物理的な部分ではなく、心情的な部分、知性的な部分でしょう。よく世間一般の就職活動とかでも自分の市場における客観的な価値を把握せよ、とかいう助言を聞きます。それをよく聞くというのは、つまり逆説的に自分の客観的な価値を把握できていないということではないでしょうか。

ソ：まあそういったところだね。少し身近な例だと自分は仕事できると思っていても側から見ればからっきし駄目な人もいるし、自分にはコミュニケーション力があると思っている人間も側から見ればこれまた全然駄目な人もいるだろう。最も側から見ている本人が一番駄目な場合もあるがね。まあ市場における自分の価値を客観的に評価せよといったところで、それができる人間は相応に優秀だからわざわざそんな助言はいらないとは思うがね。ともかくとして、少なくとも人間は自分を自分で思っている以上には知らないというのは往々にして真実であるね。ではなぜこのような奇妙な事態が発生するのだろうか？私なりにいうと、自分というものが存在するからだ。

マ：自分というものが存在？

ソ：自我がある、もっというのなら自己愛があると言ったほうが良い。程度の差こそあれ誰だって自分が大事だ。自分が一番だと何らかの部分において思う。私自身もそのことを真っ向から否定することはできない。だが愛は盲目であるというし、「自己愛こそがあらゆるおべっか使いの中でも最上の存在である」という言葉も聞く。したがって、その自己愛とやらによって自分を客観的に把握することを大きく妨げているものと言えるだろう。そしてこれは単なる頭脳的な問題以上のものを孕む。だから仕事ができると思い込んでいる人間は、単に頭が悪いが故にそう思っているのではない。「自分は仕事ができる、自分が仕事ができないはずがない」という具合で、思い込むわけだ。或いは本当は心の無意識的な部分、深層的な部分ではできないのはわかっているけど、どうしてもそれを認めたくはない、自己愛というより防衛本能が働くのかもね。

マ：なるほど。多くの人間、こう言うと無礼ですが頭の悪い人間は、自分の空想と現実をごっちゃにします。都合の悪い事実を自分にとって都合よく解釈し、何ら手を打ったり改善しようとはしないのです。"Gnothi seafton（汝自身を知れ）"の主旨とは外れますが、周りあってこその自分であるので、現実を見ようというのもこの言葉が部分的に意味することかと思います。現実を知ることによって自分自身を知るのですからね。

ソ：それに人間は結局何を目指して行動して、何を目指して生きているのかはわからない。相応に儲かっている実業家に「あなたは何のために働いているのですか」とかいうような質問を投げかけてみたまえ。「仕事を通して社会に貢献し、お客様の皆様方に幸せの笑顔をお届けするためでございます」とか何とか、そんな答えを投げかけてくるのが関の山であるね。ほとんどの人間は人生という広大に広がる旅路を、何か目的を立てて歩いているのではない。それどころか歩いていることすら知らない人もいる。また社会においてはほとんどの人間は仮面を被って半ばお互いを騙しあっている。そうやって相手を騙しているうちに、それが癖になって今度は自分自身も騙すようになる。そして扮装用として被った仮面はいつの間にやら自分の顔に食い込みすぎていて、もはや取り外すことができなくなるのだ。

マ：ではそこからお聞きしたいのですが、自分自身というのは結局何の為に知るものなのでしょうか。

ソ：それは色々あるね。「敵を知り己を知れば百戦危うからず」という言葉があるように、自分自身について知っていれば勝負事等でも遥かに有利に進めることができるだろう。ついでにいうと人生や社会そのものが一種の勝負事だが、それはともかくとして、自分の長所・短所、得意・苦手、といったことを把握しておくのは色々と有利だろう。長所はともかく短所とかは自己愛が許さないことが多いがね。そうすれば自分という道具をうまく活用して盤面を有利に進めていけるだろう。更にいうと、私は頭の良さと自分自身を知ることは大いに、というより絶対的に関係があると思うのだがね。頭の良さとは畢竟のところ、物事を客観的に捉えることとだが、これは何よりも「自分」というものを客観的に捉えることを指す。相手の優れている点と劣っている点を人はいとも簡単に判断することができる。特に後者。基本的にそれは他人事であるが故に難しいことではない。だが自分の優れている点、劣っている点となると一気に難しくなる。それは先ほども言ったように自己愛なるものが邪魔をして、優れている点を誇張して、劣っている点を誤魔化させる。だから客観的に物事を捉える最大の観点は自分を客観的に捉えることであり、それには単なる頭の良さだけでなく自己愛に打ち勝つだけの心の強さも必要になる。とはいえ、自分自身を知るにあたって一つ留意しておかなければならないのは、「相対性の原則」だ。

マ：相対性の原則？

ソ：優れている、劣っている、そういったものは他人と比較した上での相対的なものに過ぎない。ほら、言うではないか、「隻眼の者も盲人だらけの国では王になる」ってね。例えば身長で考えてみよう。その人間の身長は百八十センチであると仮定しよう。その身長は高いかね？

マ：まあ高い方ではないでしょうか。

ソ：なぜ？

マ：なぜ、と聞かれましても。

ソ：そう思うに至って理由は何かね？

マ：まあ国の平均身長を上回っているので、高いと判断しました。

ソ：そういうことだ。つまり身長百八十センチを高いというのは、「他の人間と比べれば」高いということになる。では国の平均身長が百九十センチだったらどうなるか？

マ：その場合は低い、ということになりますね。

ソ：そういうことだ。基本的に自分自身を含め何かを評価する時、そこには相対性の原則が働くことが多いのではないかと思う。仮にその人間が一生涯の間中、ずっと無人島に暮らしていたと仮定しよう。その人間の身長が五十センチだろうと、二百センチだろうと、五百センチだろうと、仮に自分の身長を測定できたところで、自分の身長を高いとも低いとも思わないのではないか。というより「高い・低い」或いは「身長」という概念そのものを持たないのかもしれないね。そしてそれはその人間の能力云々についても同じと言えるだろう。その人間が劣っている、優れている、というのは結局のところ他人と比較して明らかになる、ということだ。他に優れた人間はいくらでもいるのに自分は優れていると思ういわゆる「井の中の蛙」というのはよく見られることだが、実はあまりないが逆のパターンもある。自分では劣っていると思っているが、実は優秀だったという例だ。これも相対性の原則に基づくものであり、自分が劣っていると思ったのは周りと比較しなかった所以であり、「井の中の蛙」とは同じ原理ではある。しかし当然その諺の適用は正しくなく、正しくは、そうだね。「井の中の白鯨大海をも呑みこんでゆく」とでも言えばいいのかね。

マ：つまり自分自身を本当に知る、というのは結局世界全体を知ることにつながってゆくのですね。

ソ：そういうことだね。盤面全体を見てこそ、駒を動かせるのだからね。

人は、ある物事を知らないとき、自分なりに解釈するのか？

（二〇一三、哲学）

Interprète-t-on à défaut de connaître ?

ソクラテス：我々はある物事を知らない時、自分なりに解釈するのか、という問いだが、やや抽象的であるので、具体例を何か一つ挙げて見るとしよう。

マテーシス：はい。

ソ：ある物事を知らない時というと、そうだな、まずはとりあえず身近なことを考えてみよう。そうだな、コーヒーがあるとしよう。カフェで出てくるコーヒーだ。それでそのコーヒーがいつも飲んでいるコップに入ったその様にて我々に提供されるにあたって、我々は知らない。つまり、どこかの国の豆から摘み、それを製造元や販売元へと輸送し、そしてカフェに送り、カフェの店員が豆から抽出し、コップに入れて我々の席に持ってきて出来上がりと言うわけだ。さて我々が知っているのは店員が席に持ってくるくらいのもので、それ以前の作業工程は想像に過ぎない。「コーヒーがどうやってこのカフェで作られるまで至ったか」と聞かれても、コーヒーに関する何らかの仕事に従事しているわけではない以上分かりようがない。仮に豆がどうの、製造元、販売元に関して我々が一切知らない状態で上の問いを聞かれた場合、我々は完全に推測して頭を巡らせることしかできないのではないのかね。

マ：そうですね。解釈することがそもそもできないですね。その作成工程について予めある程度の情報が必要です。

ソ：そうだね、物事を知らないと言っても、その物事について「全く」知らない場合は、そもそも解釈が入る余地がない。地球の真ん中には何があってどのようになっているか、それに関する学問に完全に門外漢ならどうしようもないだろうね。

マ：はい。

ソ：では別のケースを考えよう。ホメロスが書いた「オデュッセイア」という作品がある。この作品について皆目知らない人間がいると仮定しよう。さてその人間について「オデュッセイア」とはどのような作品か、と問うたとしよう。さてその人間はなんと答えるだろうか。というよりどう推測を巡らせるだろうか。ちなみに、「わかりません」といった答えはなしとする。

マ：そうですね、まずは文学作品だということを推測するでしょう。「書いた」わけですから。そして「オデュッセイア」という題名から、何かの旅行記か何かだと、ということも推測するのではないでしょうか。その人間が言語にある程度通じていれば、ですが。しかしそれが限界でしょうか。「オデュッセイア」は知らずとも、ホメロスについて知っているのならば、もう少し推測を掘り下げられるのではないかと思いますがね。

ソ：君が今しがたあげたのは、解釈と言うべきものか、それとも推測と言うべきものか。

マ：どちらかというと推測ですかね。

ソ：そうだね。もう一つだけ例を挙げるとしよう。「ギリシアは千年後どうなっているのか」という問だが、どうだろうか。

マ：それこそ解釈の入る余地はないでしょうね。今のギリシアと世界の情勢で知っていることを繋ぎ合わせて何かそれっぽい予測はできるかもしれませんが、推測の域を出ないですからね、それこそ。

ソ：そういうことだね。物事を知らないときは、自分なりに解釈する、のではなく、自分なりに推測すると言ったほうが適切であるだろう。

マ：はい。

ソ：しかしだね、ここでそもそも根本的なことを聞きたいと思うのだがどうだろうか？

マ：それは一体なんでしょう？

ソ：そもそも我々は物事を「知っている」ということはあるのかね？

マ：それは一体どういうことでしょうか。

ソ：もう一度先ほどのコーヒーの話に戻すとしよう。今我々の目の前にコーヒーがある。だが我々はこのコーヒーについて何を「知っている」というのかね？

マ：ざっと考えていくと、飲み物であり、色は茶色であり、豆から作ったものであり、といった具合でしょうか。

ソ：そうだ、確かにそれはその通りだ。だがそれでもそのコーヒーについて「完全には」知っているとは言い難い。例えば先ほども述べたように、どうやってそれが作られて我々の眼前に提供されるのか。その他にもそのコーヒーの具体的な構成成分は何なのか、それを飲めば我々の体にどのような影響を与えるのか、そのコーヒーの豆の品質は何なのか、その他にも色々なことを我々は知らない。更に言うのならば、そのコーヒーの色とか味とかは、我々の主観を通したものであり、決してそれそのもの、あの用語を借りるとするならば「物自体」を知ることはないのではないかね？

マ：そうですね。

ソ：更にもっとわかりやすい例を挙げるとしよう。ギリシアの首都であるアテネに今我々は暮らしている。では果たして我々はアテネを知っているだろうか？私と君の住んでいる家とよく歩く道とか、よく行く店とかはまあ知っているだろう？しかしアテネはそれだけではあるまい。

広大なアテネの道を全て歩き通したわけでもないし、住んでいる人など到底全員知ることはかなわない。売り出されている商品を全て知っているわけでもないし、その売っている商品がどういう流通網で分配されるかは分からないし、ギリシアの軍隊がどのようにアテネに駐在しているかもわからない。今までアテネで出版された本も当然全て知っているはずがないし、その作者についても何をか言わんやである。また我々は比較的裕福なところに住んでいるが、アテネにもまた貧困街みたいな場所もあり、危険な場所もあるだろう。そこもやはり我々は知らない。あの建物がいつどのようにして元々何のために建設されたかも分からない。人口は、人口密度は、面積は、そういうのだって意外と知らなかったりする。この意味でそもそも我々は物事を「知る」こと自体はできないのではないかとも思うのだがね。

マ：そうですね。そしてその「知らない」部分について解釈というよりも推測をすると言ったほうが適切というわけですね？

ソ：そういうことだね。自分のアテネでの今までの暮らしを思い返してそこからアテネでの知らない部分について考える場合「推測」はすることができるだろうからね。

マ：そして逆に「知っている」ことに関しては逆に解釈するということになるわけですね。

ソ：そうだね。ちょっとそれについても具体例で考えてみよう。アテネについて、そうだねえ、ミケルというチェーンカフェがある。街の中にそのミケルというカフェがいくつもあり、私の家の近くにも一軒ある。そこに私も結構な頻度で通うのだが、それゆえに私はその「ミケル」については知っている。では私はそれについて何を知っているというのだろうか？建物？だがその色とか大きさとか硬さとかは先ほどあげた「物自体」を知らない。つまりは私なりの解釈が必然的に生じるわけだ。そこで出されるコーヒーとかの品物？だがこれまた先ほど述べたように味とかその色は「解釈」が生じるわけだ。机や椅子の配置とかもまた「解釈」が入るだろう。また繰り返しにもなるが、ミケルについても知らない部分がありそれには「推測」が入る。店員の数は、オーナーは、とかまあキリがないので挙げていくのはやめるがね。

マ：はい。

ソ：ついでにいうとそもそも我々は自分のことすら完全に知っている訳でもなく、その知らない部分については結局「推測」する他ないからね。そして知っているのはおそらくそれにも「解釈」が差し挟まれるのだろう。我々は自分を含め何かを知るには程遠い有様だ。

私は、過去が作った自分であるか？

Suis-je ce que mon passé a fait de moi ?

（二〇一五、哲学）

ソクラテス：この質問を大雑把に言い換えると、昔の自分あっての今の自分があるのか、ということになる。こういったことは世間的にもよく言及される。「あの時のあれがあったから成長して今の自分がいる」、「過去のあれがあったからああならずに済んだ」、「今の自分は今までの自分の努力によって得たものだ」とかね。ともかく、過去というのは今の自分に影響を及ぼしているのか、と聞かれたら私としては、それはそうだとしか答えることがない。完成された技術もそれまでの鍛錬と経験があってこそだし、人生もそうだ。その人間の人生観は、今までの考察や経験によって醸造されて行くわけだから、間違いなくその人生観は過去の自分によって作られていることは間違いない。思想もそうだ。その人間の描いている思想は過去の経験や考察からくる。自分が他人に思想を伝えても相手に理解されなかったり、或いは古典とかの本で書かれている思想も完全に理解されないのもここにある。思想を理解するにあたっては単に言語的な理解だけでは到底足りない。むしろ、それに至るまでの経験と考察も自分が味わわないといけない。それはちょうどギリシアという国はどんな国かを外国人に説明するのに似ていると言えるだろう。ギリシアという国に今まで住んでいた経験に基づき相手に説明するが、それを聞く相手はそんな経験はからっきしないので、相手の伝えたいことの一割も本当に理解できているのか怪しいものだ。

マテーシス：なるほど。私も過去の自分があることによって今の自分に影響を与えていることには同意しますが、では具体的にどのように影響を与えるのでしょうか。

ソ：それは色々な態様があって、全部吟味していったら試験時間が終わってしまうね。

マ：では世間でよく「自分は成長した」と言うじゃないですか。もちろん精神的な意味でね。この「成長した」というのは本当にあるのでしょうか。

ソ：「成長した」というのは具体的にどのような状態を指すのかね。

マ：精神的に逞しくなったというか、傷つくことを恐れなくなったというか、そういうことを指します。

ソ：まあありはするでしょうね。ではそれはどうすることによってなるのかね。

マ：色々困難をくぐり抜けたり、仕事に従事したり、何かの結果を出したり、恋愛等の人間関係を経験したりですね。それによって強くなっていくのかと思います。

ソ：まあ確かにそうだろう。ただ人間は必ずしも年齢を重ねるにつれ成長するとは限らないみたいだ。歳を重ねることによって退化する人間もいる。しかしいずれにせよ、過去が現在の自分に影響を与えるだろう。だがそれとは別に考えるなら、現在の自分に現在の自分が入り込む余地があるだろうか。

マ：と、言いますと？

ソ：自分は過去の自分によって作られた。それは「現在の自分」が芸術作品であり、「過去の自分」が芸術家であるという風になる。芸術作品そのものは芸術作品そのものに入り込む余地がない。だが「現在の自分」はどうだろうか。それは「過去の自分」によってつくられたにもせよ、「現在の自分」もまたその自分に影響を及ぼすことができるのではないか。別にそんな大層なものでなくとも良い。漁師の家庭で育ち、今まで食べてきた食事のほとんどは魚類だが、たまにはしばらくの間色々な肉料理を味わってみよう。或いはフランス文学の教授が、ふとした気まぐれで仕事とは関係ないどこか遠いアジアの国の言語を学んでそこにある文学作品に手を出してみようとか、そういったことはあるのではないか。それは「過去」によるものだろうか？

マ：どうでしょうね。とはいえ、そういった気まぐれも案外過去によるものかもしれません。今まで散々魚を食べてきたから肉、散々フランス語をやってきたからアジアという具合に。今住んでいる街は好きだけど、結構飽きたから違う街に行ってみようという具合にね。

ソ：では現在というのは完全に過去に支配されていると思うかね。

マ：やはり現在も入ると考えたいところですね。例えばその人間は健康そのものだったのに、ある日なんの前触れもなく病気にかかるとしましょう。するとそれまでとは違う行動をするでしょう。医者の診察を受け薬をもらい、活動を緩めたり家で休んだりする。これは「現在の自分」かと思います。まあいいことではないですかね。また日常においては何か突発的な異変事態が起きればそれまでしなかった行動をすることでしょう。

ソ：しかし、そういった今までとは違う非日常的な行動もまた、今までの経験や考察に起因する部分も大きい。戦争において指揮官は不測の事態に遭遇した時、結局経験と直感を頼りにする。それは過去から来るものだ。ならばやはり過去から作られているのではないか、と思うがね。もちろん、過去が全て決めているのではなく、現在の自分も入り込んでいるだろう。だから「何人も過去から逃れること適わない」とでも言えばいいのだろうか。

マ：逆に過去から影響を受けない人間っていうのはどういう人間なのでしょう。仮に三十歳くらいの人間が超常的な何かが起きたりして過去のあらゆる記憶を無くしたとしたら。単に記憶だけでなく、知性や経験、習慣、あらゆるものがタブラ・ラサになってしまったらどうなのでしょうか。もちろん言葉すらも忘れます。

ソ：それは生まれたての赤ちゃんそのものだろう。譬えその人間が肉体的には三十歳であったとしてもね。生まれたての赤ちゃんはひたすらオギャーと叫ぶ。あれはなぜだろうか？色々な推測があるだろうが、私からしてみると一つは恐怖だ。周りにある完全な未知なものへの恐怖を表しているのではないかと思う。もう一つは爆発だ。生命エネルギーそのものを新たに生まれたゆえに爆発させている。その爆発はあらゆる社会的な規範、習慣を超越したそのものだ。その三十歳の人間もまたその時に限れば同じようなことをするのではないかと思うね。もちろんそれ以降たどる経験は赤ちゃんのそれとはだいぶ違うがね。しかし、実を言うと、「自分」は「過去の自分」と「現在の自分」だけによって構成されているわけではないと思うがね。

マ：他には何があるでしょう。

ソ：自分の親の世代から受け継いでいるということさ。カエルの子はカエルと言って生物学的に言えば、それは遺伝というのだが、それを考慮すれば自分は自分以外のものによって構成されていると言えないかね。しかしこれはどこから受け継いでいるのだろうか。親はやはりその親から受け継ぎ、その親もまたその親から受け継いでいく。結局のところ、自分はどこまで受け継いでいるのだろうか。そう考えると神秘的である。「自分というのは本当に自分なのか？」哲学というより禅の問答といったところだが、決して突飛な質問ではない。性格が穏やかな人ももし貧困街に生まれていたらどうなっただろうか。教養ある人も育ちが教育とは無縁の家庭であったなら？自由な芸術家が軍事国家に生まれたのなら？疑問は尽きない。だが自分は決して自分だけで構成されているのではないとも言えるだろう。そもそも「作る」という単語は能動的だ。だが自分というのは受動的、つまり「作られる」とした方がそのケースは多いだろう。人は知らず知らずのうちに、家庭から、学校から、人間関係から、国家から、仕事から影響を受けていくものだ。多くの人間は基本的に生涯の間中、他人に指示を受けて行動し続ける。そこに「自分を作る」という能動的な面があるとはあまり思えないね。むしろ冷静に考えてみて自分が自分を作るというのはむしろ珍しい例かもしれないね。

マ：そういえば「自分探し」って言葉を結構聞きますね。そして「自分探し」をしたいということで異国の地へと赴いたりします。しかし本当にそれで自分というのは見つかるものでしょうか。自分はもうすでに自分がいるわけですから、探しに行っても無駄だということをよく聞きます。

ソ：「自分探し」というのは、自分は何がやりたいのか、そして結局自分の生まれてきた意味というのは何か、ということだろう。私は無意味とは思わないね。異国の地に興味を持ち歩くというのは、ある程度の好奇心と行動力が必要なのだし、それが私のいう「自分探し」なら人生を自分で受け止めているので否定はしないよ。そしてその旅で自分が見つからなくとも、何かしら将来の自分を作っていくのではないかね。まあそもそも多くの人間は生活に精一杯で「自分探し」ひいては「自分作り」なんてやる余裕がないがね。

無意識は、全ての形の意識を逃れるか？

L'inconscient échappe-t-il à toute forme de connaissance ?

（二〇二一年、一般）

ソクラテス：「無意識は全ての形の意識を逃れるか」とのことだが、これは「無意識においてあるものは我々の意識しているもの、有意識とでも名付けておこう、とは全く無関係か」と捉えてもいいだろうか。

マテーシス：そうですね、それで合っていると私は思います。

ソ：だがこの「無意識」というのは実に厄介なものだ。「無」意識というわけだから、その無意識について我々は意識がないわけだ。意識がない以上、我々はその無意識というものを捉えることができないようにも思える、いやもっと言うならもしかするとこの「無意識」というのは本当はないのではないか？そんな気にすらなってしまう。

マ：確かに理屈上はそうなってしまいますね。だとするならばまず「無意識」というものが本当に存在するのかどうかから考えていかないといけないですね。

ソ：その通りだ。それで、マテーシス、君は無意識は存在すると思うかね？

マ：私は存在すると思います。

ソ：ほう、それはどうしてかね？

マ：私たちは一日において様々な活動をすることがありますが、それを全て意識するわけではありません。例えば朝起きる、顔を洗う、着替える、靴を履く、外に出る、歩く、喫茶店に入る、コーヒーか何かを注文する、仕事に取り掛かる、仕事を進めていく、というように一日の一部分を切り取っただけでも多数の行動を取捨選択し行っています。それらは全て必ずしもはっきりと意識して行っているわけではないでしょう。

ソ：そうかもしれない。だが「全く」意識していないわけでもないだろう？　はっきりと、明確に意識しているわけではないのかもしれないが、全く、ほんの少しも意識していないとは言えない。

マ：他にも、例えば後から振り返ると不本意なこととかしてしまうこともあります。何か考え事をしていて歩いていて、いつまでも考え事をしていて思わぬところまで歩いてしまった、ということがあります。また意識に明確に反した行動を行うこともあるでしょう。健康上の問題からアルコールを飲むのを断とうとしているけれど、目の前にアルコール飲料の入ったグラスが置かれていて、飲んじゃいけないと思いながらもつい飲んでしまった、そういうこともあるでしょう。

ソ：なるほど、確かにそういうのは無意識であると言えるかもしれない。私としてはそれも全くの「無」意識であるとは断定しかねるが、まあそれが本題ではない故にその議論はここまでとしよう。して、本題に入るとしよう。君は「有意識」と「無意識」は独立した事象だと思っているかね、それとも何かしら相互依存した事象だと思うかね？

マ：私は相互依存したものだと思いますね。

ソ：ほう。

マ：私自身が挙げた例を使ってこのことを証明したいと思います。まず、人は無意識のうちに一日において様々な行動を取捨選択し、それを行う。これは「習慣」という言葉によって説明することができるでしょうね。起きる、顔を洗う、着替える、靴を履く、外に出る、歩く、喫茶店に入る、コーヒーか何かを注文する、仕事に取り掛かる、仕事を進めていく……。これらの行動の多くを無意識として行うというのは、結局のところそれを毎日のように行っているからですよ。毎日行っているわけだから、それが当たり前のことになってしまっているわけです。だから機械的なものとなってしまうのですよ。恐らくほとんどの行動も習慣化することにより無意識的なものとなるのでしょうね。逆にどんなに当たり前のように思える行動も、習慣化することがなければ私たちはそれを強く意識してしまうのではないでしょうか。

ソ：例えば？

マ：そうですね、例えば「歩く」動作がそうでしょう。「歩く」という動作は極めて当たり前のように思えますが、足が不自由でそれまで全く歩いたことがない人間が、足が治癒したことによって生まれて初めて歩く場合、非常に意識を集中させるでしょう。あるいは病気で歩くのが大変な状態になっている人間もそうでしょうね。他には「話す」ということも当てはまるでしょうね。外国語を勉強して熟達しようとしている人間は、片言で話す段階では非常に意識を集中させて話します。

ソ：それは全くその通りだね。特にスポーツ競技においては定番のことだ。同じ動作を何百回、何千回と練習して行うことにより、試合中に無意識にそのような動作を染み込ませる。

マ：はい。私が挙げた残り二つの例もやはりこの習慣化に基づいていると言えるでしょう。考え事をしているうちに気付かぬうちに歩いてしまったというのも、普段から考え事をして歩くことが習慣化してしまっているのでしょう。それが無意識のうちに行われてしまったのです。アルコールを断っている人間が目の前にアルコールがあると意識に反して飲んでしまうのもやはり習慣化でしょう。断ってしまうほど普段飲んでいたわけだから、それが習慣化してしまって意識に反したものが出てきてしまったのですよ。

ソ：なるほど、有意識が習慣となり、その習慣が無意識となる。そこから定番の三段論法を用いることによって有意識が無意識を成す、ということになるわけだね。

マ：はい。

ソ：君の言っていることは正にその通りだと思うよ、マテーシス。だが私には無意識においてもう一つ別の側面があると思っている。

マ：それは一体何でしょう？

ソ：人間というのは様々な要素から成り立っている。例えば喜怒哀楽の感情があるように、感情も複数あるわけだ。喜ぶと哀しむは相反する感情であるが、にも拘らず同一人物が抱くのが普通であると言えよう。ある人間が哀しむことがあっても、その人間は根から哀しむ人間、ずっと哀しんでいる人間であるというわけではない。同じことが他の感情にも言うことができる。

マ：確かにそうですね。感情面だけでなく、あることをきっかけに自分の得意分野がわかったりする、というような能力面での部分もあるのでしょうね。

ソ：君が説明した無意識は後天的に形成されていくもの、いわば経験的なものだ。だが無意識には後天的なものの他に先天的なものがある、と私は言いたいのだ。ある時に哀しむ人間は、もしかすると哀しむこと自体が本人にとってすら意外なことかもしれない。その人間は哀しむということとは無縁であったが、ある大きな出来事によって「哀しむ自己」が露わになってしまったということだ。

マ‥ですが、その場合その人間は日常において無意識のうちに哀しんでいた、というわけではないですよね。

ソ‥そうだね、「無意識に哀しんでいた」というより「無意識に哀しむ自己を秘めていた」とでも表現した方が正しいことになるだろう。それまでの日常で経験しなかったことを経験したことによってそれが浮き彫りになった、というわけだ。

マ‥人が日常的に仮面を被って生活していることとどことなく似ていますね。

ソ‥確かにそうだ。君のその例えと私のこの無意識についての説明は、人が被る日常的な仮面はある意識が別の意識を抑え込んでいるような状態で、抑え込んでいる意識自体はどこかで自覚している。だが私の述べている無意識というのは、そもそも当人が自覚していないものだ。そして何かそれまでにない出来事が生じてそれが露わになってしまう、というわけさ。

マ：なるほど、それについて自覚がないというのならば本当の意味で「無意識」というわけですね。

ソ：そうだね、だがもしかすると最初の段階で意識していたのかもしれない。哀しむとは無縁の人間も最初の頃は世間の目とか自己を律するために「哀しんではいけない」ことをはっきりと意識していたのかもしれない、だがやはりそれもまた習慣化により当たり前のことになり、そのような抑圧をなんとも思わなくなってしまったのかもしれない。同じ習慣化だが、君が述べたものは行為として肌全身の核となる部分まで染み渡っているのとは正反対に、こちらは「哀しむこと」といったことを徹底的に自分から除去してしまっているのだね。でも結局ある時をきっかけに除去したはずのものが突如覚醒したのだ。それはまるで人は自分の本能から逃れられないことを示しているように。

欲望は本来、無制限のものであるか？

Le désir est-il par nature illimité ?

（二〇一六、哲学）

ソクラテス：欲望とは何か。まずはこの単語を定義づける必要がある。欲望というと何か好ましからぬ印象を与えるものだが、ここではあらゆる欲求に該当するものと考えるのが自然であろう。つまり人間の三大欲求から金銭欲、承認欲、さらにはこういった単語はあまり聞かないものだが、慈善欲や社会貢献欲といったものまで、ともかくありとあらゆる欲求を包括するものと考えていいのではないだろうか。

マテーシス：はい。そして「本来」という単語見逃さずに具体的に考察していく必要がありますね。つまり、今の人間社会では人々は「本来」の欲望を満たしていないということを暗黙に示唆していると考えます。確かに色々と制限されているでしょう。法律により窃盗欲や暴力欲は抑制されていますし、法律的な観点からだと違法ではないものも人々から非難されることにより、やはり当人が気づいているか、気づいていないかは別として欲望が抑制されているものと考えていいでしょう。まず質問の答えとしてはやはり否が応にも制限されているとするのが適切かと思われます。ただ、特異な点としては制限を被っていることを当人たちが気づかないことですかね。つまり習慣化によって慣れてしまっているのです。

ソ：そうだね。欲望は無制限かと聞かれているが、では無制限だと仮定したらどうなるだろうか。

マ：そうですね。例えば人間の大きな欲求のうち食欲があるとします。これが無制限というのはつまり本人は食べたいだけ食べられるということを意味するかと思います。とはいえ、注意が必要なのですが、物理的に無限に食べられるかということを意味するのではありません。つまり、あくまでも本人が食べたい時に食べたい料理を食べたい分だけ食べられるのが「無制限な欲望」ということになり、満腹になったら大食漢といえども食欲はなくなるでしょう。でもそれは制限を被っているものとは見なさない方が正しいかと思います。

ソ：なるほど。

マ：しかしながら食欲は思わぬ制限を被ることがあります。何も法律とか世間体とかではなしに。

ソ：ほほう、それは一体？

マ：つまり自分自身です。食べれば太るのでそれを厭う人にとっては食欲に制限がかかります。また何かしらの病を患っている人もまた思う存分に食べることはできないでしょうし、また金銭面での制限もあるかもしれません。そのため、意図しないにせよ、自分が自分に対して制限をかけることも欲望にはあるのです。

ソ：確かにその通りだ。ではもう一つ別の欲望についても考えてみるとしよう。

マ：はい、それは一体？

ソ：知識欲についてはどうかね。あるいは学習欲でも。

マ：なるほど。

ソ：これは本来無制限なものだろうか、そして今の社会ではどのように制限されていると君は考察するかね？

マ：そうですね。「全ての人間は生まれながらにして知ることを欲する」という言葉がありますが、確かにそうだと思います。ただ知識欲を何も学問的なもの、一般普遍抽象的なもの、あるいは哲学的なものに限定するのではなく、もっと個別的なものにも広げたとしたら、ですがね。つまり道徳とは何かとか、美とは何かとか、地球はどのような仕組みで成り立っているのかとかに限定せず、誰それと誰それは付き合っているのかどうかとか、誰それと誰それが浮気したとか、誰それは隠し財産をこれだけ持っているとか、来月の給料はどのくらい貰えるのかとか、そういったものもひっくるめた上での知識欲になりますがね。こういうのだとどこまでも果てしなく持てるような気がしますね。基本的にあくまでも「欲」するだけなら無制限ではないでしょうか。とはいえ、その「欲」に対する対価、つまり実際に知ることができるかどうかとくれば無制限ではないでしょう。先程の食欲とは違い、仮にその知識欲を満たすことになんら不都合なことはなくとも実際に知れるとは限らないわけですから。普遍的なものにせよ、個別的具体的なものにせよ、知りたくても絶対に知ることができないことも世の中にあるわけですからね。ついでに言うと知らない方がいいことも世の中にはあります。ともかくそういう場合は制限を被ると言えるのかもしれませんね。とはいえ、「情熱の喪失は別の情熱の点火である」という言葉があるようにまた別の事柄に知識欲を抱くことにはなります。

ソ：なるほど、それで現代社会では知識欲というものに制限が課せられていると思うかね。

マ：いえ、むしろインターネットという文明の利器によりどこまでもそれこそ無制限に広汎に広がっているかと思います。つまり以前は無制限ではあったけれども交通事情や地域事情により制限が課せられた、「制限された無制限」ともいうべきものでしたが、今はその制限が取っ払われて「限りなく無制限に近づいた無制限」とでも何か哲学っぽく呼称することができるでしょう。それでもなんでもかんでも、世の中の高貴から卑賤からあらゆるものについて知れるようになるというわけではありませんがね。国によっては検閲とかもあるでしょうし、制限は見られないと言ったら嘘になります。

ソ：そうか。ところでここで少しこの質問に関する捉え方を変えたいと思う。

マ：はい。

ソ：我々は欲望を持とうと思って持てるか、ということだ。ある人は「成すことは困難ではない、欲することは常に困難である。成すまでに欲するには」と述べているが、我々は欲を持とうと思って持つのではないのではないかね。先ほどの食欲を例に取るとしよう。君は食べている本人がお腹一杯になるとその食欲は消えてしまう、と言ったね。この状態において、君はその人間が自分から食欲を無くすことを意図して無くしたと思うかね？

マ：いえ、そうではありません。

ソ：つまり当人の意思とは無関係に食欲が減退していったというわけだ。

マ：はい。

ソ：そして逆の状態においても然りと言わなければなるまい。つまりその人間がお腹が空いていてかなり飢えている状態にある。そういった時に、自分の意思で食欲を無くすことはできるかね？

マ：いえ、できないです。

ソ：つまりこの二つから考えてみれば、我々人間の欲というのはそもそも我々自身が意図して生じたものではない、と言えるのではないかね。なるほどその欲を達成するためには意思を行使するだろう。だがそもそもその欲を抱くこと自体はむしろ意思とは無関係なのではないかね。

マ：そうかもしれません。では知識欲というのはどうなのでしょうか。これには意思はないのでしょうか。

ソ：対象がなんであれ「知りたい」というのが知識欲なのだが、その「知りたい」というのは本人が「知りたい」と明確に意識的に努めて「知りたい」ようになるのか、自分でも訳のわからない何かの衝動に突き動かされて「知りたい」と思うようになるのか、君はどちらだと思うかね。これは「知りたい」という欲そのものであり、実際にその対象について図書館に行ったり検索をかけたりして知るという行為についてではないことに注意してくれたまえ。

マ：後者の無意識的なものだと思います。

ソ：だろう。どうも我々人間は誕生するにあたり何かがプログラミングされている気がするのだが、それはさておき、我々は欲そうと思っても欲することができないのなら、何かしらの制限があるのかもしれない。もしかすると逆に事情が許す限りは無制限に膨れ上がっていくものかもしれない。そしてそれは諸々の欲の種類によっても事情は異なることだろう。だが自分の意思でその欲を出すことはできないらしい。ならばそれは制限と言えるものではないだろうか？　一方、その欲が出てきたらどこまでも膨れ上がっていくことだってあるだろう。もしそうならば、無制限なものとも言えるだろう。ふむ、奇妙な矛盾が出てきた。二律背反というやつかね。そもそも人間という枠内でのこの欲の究極的な形態は生と死にある。無事平穏に生きている者は死にたいと無理に強く思ったところで死なないだろう。というより死ねないだろう。自殺する人間は死にたいと思って死ぬのではない。そうではない、何かしらの衝動で自殺という衝動に駆られ、それは本人の与り知らぬものである。そして生きるという欲求は、その欲求を打ち消すこの自殺の衝動かあるいは肉体が朽ちるまでは、人は有し続ける。ならばその生の欲求は無制限ではないのかね。それとも生き続ければ生欲も磨耗されていくのだろうか。

欲望は人間の不完全さの表れであるか？
Le désir est-il la marque de notre imperfection ?

（二〇一八、哲学）

ソクラテス：欲望は人間の不完全さを表すものかどうかということだが、まずこの質問の意図しているところは何かというと、もしもその人間が完全な存在であったのならその人間は何も欲さない。というのもその人間は完全なのであるが故に、必要だとされるであろうあらゆるものは常に自己の内に有しているのであり、そのために新たに何かを欲することはない、と言いたいのだろう。では果たして実際のところどうだろうか。この問いについて考察するならば、そもそも完全な人間というのは具体的にどのような人間を指すのか考えてみると思うのだが、どうだろうか。

マテーシス：はい、私もそのように思います。

ソ：では実際には完全な人間とは何も欲さない人間なのだろうか、それとも完全な人間もやはり何かを欲するときているのだろうか。

マ：完全な人間といいますと、その定義は色々と出てきます。何者にも依存せず独立した心を持っている存在であったり、どのような苦境においても心が惑わされることがない存在、死ぬ状況に置かれても顔色ひとつ変えずに死んでいけるような存在を指すかと思います。あるいは肉体的に極めて屈強であり病を患うような要素はその当人のどこにも見当たらないこととかかもしれません。しかしながら独立していて全く動じない人間も何も欲さないというのとは別問題になると思いますね。

ソ：そもそも人間の欲望の中には生理的な欲望もあるのだ。例えば食欲がそれである。食欲は生物学的な欲求な訳だが、これを満たさないと文字通り死んでしまう。もしも完全な人間が何も欲望を持たないというのなら、その人間はこの食欲すらも持たないということになるのだがどうだろうか。

マ：実をいうと、私はそれがあながち間違っていることとは思いません。食欲というのは結局食事に頼るという意味であります。本当に言葉通り、完全な人間が何にも頼らない独立した存在であるというのなら、食事にすら頼らないかと私は思うのです。

ソ：なるほど。ということは完全な人間とは単に徳が高かったり知能指数が高いことを指すわけではないということだね。生物学的に考えても、何かを取り入れる必要がない存在ということになる。そうならば、少なくとも今の世の中において完全な人間は存在しないと考えるのが適当であるだろう。

マ：はい。

ソ：実際にそんな人間が今後現れるのかは知らないが、ともかく理論上はありうるということだ。だが全ての欲望を全く持たないということ、そんなことは可能なのだろうか。例えばある人間が家の前にいるとする。そしてその人間が自分の家の自室に行って布団の上で横になりたいとする。するとその人間は、まず家の玄関のドアを開け、靴を脱ぎ、廊下を歩き、居間を通り、自分の部屋のドアを開け、入って布団の方まで歩き、その上で横になる。ざっと考えただけでも自分の部屋で寝っ転がるだけで七つの欲望がある。

マ：それらを欲望と名付けるのは正しいのでしょうか。

ソ：それはまあ、欲望というのは〇〇をしたいことを指す訳であって、玄関のドアを開けたい、靴を脱ぎたいとかだからね。それらも微微たるものではあるが、欲望であるということには変わりはないのだ。それでもし完全な人間が欲望を全く持たないとしたならば、こういった欲望を持たないことにもなるわけだ。

マ：確かに理屈上はそうなります。

ソ：つまりもっと突き詰めて言うのならば、その人間は動くこともできなくなるのではないのではないかね。要するに動いたり一歩足を踏み出すという欲望すら持たない訳だから、何もできなくなる。

マ：確かにそうなります。

ソ：更にいうなら動こうとしない、ということすらできない。つまり、動こうとせずにその場でじっとするというのもまた欲望であるのだから、そういう状態にあることすら許されないわけだ。「感情を克服しようというのもまた一つの感情である」という言葉がある訳だが、欲を持とうとしないというのもまた欲であると言わねばなるまい。こうなってくると完全云々以前に、そんなこと理論上ありうると思うかね？

マ：確かにそういうのはとても考えられないことです。ただ一つだけ可能性があると言えばあります。

ソ：それは一体何かね？

マ：つまり死ぬことです。死人に口なしとは言ったものですが、死んでしまえば欲望というのはなくなります。

ソ：では君は完全な人間というのは、死んだ人間を指すものだと思うのかね？

マ：うーん、そう聞かれるととても肯定の返事を出すことはできないですね。

ソ：やはり完全な人間というのは難しそうだ。条件を緩めて生物学的な欲求については問題とはしないとしよう。つまり日常生活を最低限送るだけの欲求については度外視する。食べるとか歩くとか、ね。では金銭欲とかはどうかね？

マ：もし完全な人間ならそれは基本的に持っていないと思います。最低限を除いてね。

ソ：そうか承認欲、あるいは名声欲は？

マ：それもやはりないかと思われます。

ソ：では知識欲はどうだろう。

マ：その人間がもし完全な人間というのなら全知全能の人間であると考えるのが適切かと私は考えます。もしそうならその人間は知識欲というのは持っていないと考えていいでしょう。あらゆることを知りつくしているのですからね。

ソ：確かにそうかもしれない。だがこの全知全能という単語は今まで幾度となく耳にしてきたがそもそも冷静に考えてみればこれは具体的にどのような状態を指すのだろうか？

マ：そうですね。やはり全てを知っている存在なのではないでしょうか。

ソ：全てを知っている？　学問のあらゆる瑣末なもの、あるいは数百という人口を抱える人間全ての名前、また今後百年もすればギリシアはどのような「運遷」（造語。運命の流転という意味）を辿るのか、そう言ったことを全て知っているということはあり得るのだろうか。また全能というのならば、その人間はなんでもできるということを意味するのだろうか。空に浮かんだり、自分の力で天変地異を起こしたり、透明になったり等々。

マ：そういうのはやはりあり得ないとは思います。しかしながら理論上あり得るかもしれません。特に聖書における創造主・神がその存在であるとも思います。

ソ：しかしながらその神はこの世界を「光あれ」という言葉を発して創造したとされる。だとするのならば、結局そこには世界を創造するという欲があったのではないかね？

マ：確かにその通りだと思います。

ソ：とするのならば、やはり完全な人間がいたとしてもその者が全く欲さないというのは辻褄が合わないことと考えた方が良さそうだろう。少なくとも「完全な人間はあらゆる欲望を持たない」と言えば、それは否定しなければならない。だから結局のところこれは道徳的な問題に着陸するものと考えるのが正しいと思うのだが。

マ：道徳的な問題というのはつまり？

ソ：どのような欲を持ち、逆にどのような欲を持たないか、ということになる。道徳というのは欲を否定するというよりも調節するといった方が正しいからね。

マ：ではあなたはどのような欲望を完全な人間が持つものと考えるのでしょうか。

ソ：それはわからないさ。それを考察していくだけでもまた長い議論をしていかなければならないし、当初の質問の趣旨には外れるからね。とはいえ、興味はあるがね。先ほど君は創造主を例に挙げたが、その者は他にどのような欲を持つものと考えるかね。

マ：そうですね。もしかすると地球の生き物をうまく管理していったり、あるいは繁栄させようという欲を持つかも知れません。しかし「完全」という言葉の定義が難しいです。何物にも動じない、とさっき述べましたがそれも私の単なる思い込みに過ぎないかもしれません。また死ぬことを何とも思わない、つまり生と死を全く同じものとしか看做さないのならば、その者は他人に死を至らしめることを何とも思わないかもしれません。しかも悪徳に由来するのではなく。創造主にとっては地上の生き物を殺すことを何とも思わないでしょう。ちょうど人が蟻の大群を踏み潰しても何とも思わないように。だから、ある意味完全な存在は不完全な存在よりもより大きな欲を持つかもしれませんね。

国家がなくなることで我々はより自由になるか？

Serions-nous plus libres sans l'Etat?

（二〇一二、哲学）

ソクラテス：こういった質問において肝要なのはまずは「自由」という単語の定義づけになるわけだね。

マテーシス：はい、その通りかと。

ソ：さて「自由」とは何かと聞かれると、どう答えるか。物事には位階というものが存在する。優れた人間に、劣った人間。別に人間に限った話ではない。優れた文学に、劣った文学。優れた珈琲に、劣った珈琲。優れた机に、劣った机。

マ：つまりは、優れた自由と劣った自由があるという事ですね。それぞれどのようなものでしょう。

ソ：まあ私なりの考えだよ？まず劣った自由というのは、やりたい放題赴くままにやること。よく哲学的な教訓書で説かれるように、飲食とか、肉欲とか、遊戯とかそういったものに耽ること。逆に優れた自由というものは、自分で自分を縛ることだ。

マ：つまりは理性の行使ですね。劣ったものは理性がなく、優れたものは理性がある。

ソ：優れた自由、というのは優れていればいるほど、自由ではない、aはaではないという論理るわけだ。尤も自分によって拘束される分、他人には拘束されないがね。

マ：成る程。

ソ：さてこの質問における、もう一つ肝要な部分。国家がなくなることなのだが。

マ：はい、国家がなくなること。それを自然状態と呼びますね。

ソ：そうだね。まず国家がなくなるとはどのような状態を指すか、もう少し具体的に考察してみるとしよう。

マ：はい。

ソ：国家がなくなることは法律がなくなることを意味する。強盗しても、殺人を犯しても何一つとして罰せられることはなくなるわけだ。

マ：そうですね。

ソ：するとどうなるか？これを考えていくのは推測の域を出ないことである。だがこういった自然状態について理論を展開した人間を私は三人程知っている。彼らの理論を具に見ていけば無論色々な違い、或いは同じ意見がありそれはそれで興味深いが、ともかく彼ら三人の理論において最も注目すべき部分は、その自然状態において人は争うか、それとも仮にも平和状態にあるかということだ。

マ：性善説や性悪説に通じるものがありますね。

ソ：そうだね。そのどちらが正しいのかは未だに私には分からないが、仮に法律がなければ今よりも秩序がなくなることは目に見えているのではないかね。まあ性悪説を真っ向から肯定するつもりもないが、やはり人間は利己心、つまり自分が自分がと傾いてしまうのだからね。

マ：そうですね。やはり公然と殺人を犯したり、強盗を犯したりする人は出てくるでしょう。

ソ：そんな状態で果たして「自由」に振る舞えるかね？

マ：まあまず無理でしょうね。

ソ：国家のない状態、というのは戦争状態を考えてみれば良い。特に内戦状態だ。内戦状態になれば基本国家というものは機能しなくなる。だからやり放題できるか？と聞かれればまさかそんなことはあるまい。内戦で仮に派閥が真っ二つに分かれたとしよう。当然敵側の派閥にも気をつけなければならないが、味方側の派閥にはそれ以上に気を配らないといけない。誰しも人生を積めば経験することだろうが、味方に裏切られること、口論になったりすることはしょっちゅうだ。当然そうならないために自制したり、ある程度人を観察し将来を予測しなければならない。そんな状態でやりたい放題という意味での「自由」なぞあろうはずがないと思うが、違うかね。

マ：仰る通りだと思います。

ソ：もっというなら動物界を見れば良い。動物界において法律なぞ存在しない。裁判で裁かれることもない。しかしながら動物は全てなんらかの規則に従っている。基本的に同じような行動しかしない。動物の種類によってその規則はもちろん違うがね。そして当然その規則というのは別に何か動物界の長老会とかなんとかによって定められたとか、そういったものでもない。だが動物たちは一定の、暗黙のルール的なものに支配されているように見受けられるがね。

マ：確かに。しかし一体それはなぜでしょう。

ソ：Ego imi の哲学者が述べたように、本能的な行動、現代風に言い換えれば予め神にプログラミングされたとか、そういったことも無論あるだろう。しかし、それだけではない、と私は考えている。つまりその規則というものからなんらかの形で逸脱したら、自分の身に危害が及ぶことを本能的に察知しているからだと思うのだがね。兎は草原をぴょんぴょん跳ね回れるというものでもない。自分を捕食する存在の圏内に入ることはできず、だから法律がないにも拘らず自由でないと言える。人間においてもある程度同じことが言えるという訳さ。

マ：確かに。

ソ：国家の役割、普段行っていることは何か、と聞かれればそれは様々だが、結局は法律に関わることである。立法、行政、司法に国家機関は専ら分けられているが、それは法律の制定、執行、裁定である。

マ：はい。

ソ：そのため国家に属する国民は、法律に拘束されていると言って良い。さてここで奇妙な理論に聞こえるかもしれないが、とりあえず反論しないで聞いてほしいことがある。

マ：?それは一体なんでしょう。

ソ：この法による支配というのは、言ってしまえば恐怖政治ではないかね？

マ：恐怖政治？要するに巨大な権限を持った独裁者がいて、民衆に密告を奨励したり、表現の自由等を規制したり、反逆者は逮捕・拷問・死刑にするというあの恐怖政治ですか。

ソ：そうだ。

マ：いいえ、反論してはいけない、とのことですが、あえて反論というか質問させて頂くのですが、法を施行しているのはどこの国でもそうではないでしょうか。そして、今日は民主主義を採用している国もかなり多いです。それなのにあなたは、そういった国々も恐怖政治を敷いているとでもいうのでしょうか。

ソ：その通りだ。しかしここで恐怖政治というものの本質に迫ってみてはどうかね。

マ：はい。それを是非とも聞きたいと思っています。

ソ：恐怖政治、というのは言ってしまえばこういうことだ。「○○したら○○という害を与える」。君が先ほど述べた恐怖政治の具体例だとこういうことだ。「不満を漏らしたら逮捕という害を与える」、「かなり大きな反政治運動をすれば死刑という害を与える」という具合にね。

マ：はい、そうです。

ソ：ならば「人の物を盗んだら罰金という害を与える」、「公共で暴行を振るったら投獄という害を与える」、「人を正当な理由なく殺したら死刑という害を与える」。これらもまた恐怖政治ではないかね。もちろん、程度は全然違うことは重々承知しているよ。

マ：確かに、そうとは思います。つまり〇〇という害をちらつかせて悪徳行動を防止する訳ですね。

ソ：そうだ。こういう恐怖で他者を支配するのは表に出ないだけで世の中に至る所にあるものだ。猫や兎がライオンに攻撃できないのは結局ライオンへの恐怖だろう。従業員が社長に基本反抗できないのも、解雇されるという恐怖だろう。こういった恐怖による、直接的にせよ間接的にせよ、支配というものはいくらでもある。「愛されるよりも恐れられる方が害されにくい」。君主としての心構えであるこれは延長線上として、国家そのものにも適用される、ということさ。

マ：成る程。

ソ：人が人を支配するのは、法だけではないと述べた。では他には何か。「力」さ。

マ：「力」？暴力ということでしょうか？

ソ：それもあるといえばある。戦争状態を考えてみればいい。戦争、つまり他国との戦闘関係において法など適用できまい。その際ものをいうのは何か？「力」ということ。この「力」とは、暴力に限らない。肉体的体力、持っている武器とその数、食糧、指揮官による戦略とそれに起因する知性、こういった諸々のことをさす。こういう「力」の争いは、大なり小なり国内にも人々相互にも見られるものだ。だが国家という後ろ盾がある以上、最終的には自分の方が「力」が劣っていても法律に訴えることができる。武装した人間が自分の家に押し入ろうとしても、法の概念の下、警察に訴えたりすることはできる。だが戦争だとそうではない。平時ならどちらかの国が違法行為と思われるようなことをしたところで、なんになる？あの国は卑怯なことをした、とかなんとか騒いで何になる？はっきり言おう勝てば官軍なのだ。これが言ってしまえば国家がない状態だ。このような状態で「自由」などということが果たしてありうると君は思うかね？その自由が、低級だろうと高級だろうとね。

マ：いいえ、とてもそうは思えません。

ソ：そうだとも。そのような万人の万人に対する闘争なら、いっそのこと国家と契約してボディガードの派遣を依頼するだろう。いかなる独裁国も、自然状態よりはましなのだ。

マ：しかし最初、あなたは自由とは高級であればあるほど自分自身で束縛するものだ、と仰いましたが、なんというか国家自体がそのことを反映しているように思わされます。

ソ：ふむ、国家は結局のところ国民の集合体なのだから、ある意味国家は人そのものかもしれないね。極悪人から卑俗人、聖人君子から天才までね。

ソ：とはいえ、何でもかんでも法で律するのは、やはり正しいとは思えないね。先ほども述べたように、真の自由は自分で自分を律するものだからね。つまり国家が国民ではなく、各国民が自分を律するのが望ましいのさ。

マ：はい。

ソ：それに法律に携わる人の仕事もあまり大変にすると、これまた何か支障が出そうだからね。

マ：ふふふ。

私たちは国家に対してどのような責任を負っているか？

（二〇一三、哲学）

Que devons-nous à l'État ?

ソクラテス：我々は国家に対してどのような責任を負っているか、という質問に対しての回答を考える場合、何よりもまず国家は我々に対してどのようなことを為しているのかを考える必要がある。それが有償にしろ無償にしろ、ね。それで国家は我々に何を提供していると思うかね？

マテーシス：そうですね。例えば道路を整備したり、水道システムを整備したり、郵便等の流通形態を整備したり、国によっては保険料を安くしたり、後は自衛隊等で国を守ったりもしてますね。しかし哲学的な観点から述べるとするならば、やはり国民一人一人の権利を保護することでしょう。つまり国家というものがなければ万人の万人に対する闘争が生じるわけですから、国家と契約し国民一人一人の権利をある程度放棄する代わりに、国家が我々を守るように何らかの配慮をしてくれるというわけです。警察によって犯罪を防ぐのがその代表例ですし、何か国民同士でトラブルがあった場合には法律に基づき第三者である司法機関が仲裁するわけです。また情勢というのは歴史を見ても変遷していくのを常とするのが明らかですから、それに対応するために国家が立法を行って、それに基づいた政策を行っていくわけですね。これは基本的に独裁体制においても曲がりなりにも実行されるわけですから、どんな独裁政治も国家というものが全くないよりはましと言えるでしょう。

ソ：まあ、そういったところだろう。それで、では我々は国家に対してどのような責任を持っていると思うかね。

マ：第一にはやはり税金ではないでしょうか。国家が今挙げたことを行うには、多額の金が必要であるのは言うまでもないことです。だとしたらその金はどこかから調達する必要があると言うわけなのですが、必然それは国民から調達するということになるでしょうね。まあ国民以外から、となった場合は必然的に他の国を侵略することになります。

ソ：なるほど。とりあえず侵略は時代遅れだからなしとして、その場合税を納めるのは間違いのないことだろう。尤も税をどれくらい払うのか、については議論の余地が大いにあるがね。とはいえあくまで国民の国家に対する「責任」について語るので、具体的な税金配分についての考察はここではしないがね。

マ：他にもやはり法律の遵守があると思います。やはり法律を守るというのは「責任」がありますからね。

ソ：それだよね。税金の支払いと法律の遵守、おそらくこの二つが国民の国家への二大義務であるのは間違い無いだろう。さて、ここで一つ問いたい。法律といって無数にあるのだが、当然ながら不公平なもの、悪法もあるだろう。この場合どうするかね？いや、その前に君に一つ聞きたいことがある。君は法律の遵守を国家への責任と述べたわけだが、それは道徳としてかね、利便性としての観点かね？

マ：どちらかというと、利便性ですね。社会における常識というのは大抵利便性なわけですから、この法律も秩序を維持するという利益のためにあるわけですからね。まあそれを「道徳」というのなら話は別ですがね。

ソ：では悪法はどうだろうか。具体例を挙げるとして、ある特定の人種や階級の人間がこの国の公園の椅子に座ったりしてはいけず、スーパーやレストランに入ることは許されず、挙句には職業や身分が剥奪される、とかいうのはどうかね。もっと言うなら、そういった特定の人々への暴力行為は刑罰が免除される、としたらどうだろうか。言ってしまえば差別を合法的に行うわけだが、君はそのことに関しては遵守する責任があると思うかね。特に君自身がその特定の人間の一人であったとするならば。

マ：やはり道徳的には絶対に賛同できませんが、仮にそのような法律ができれば従わざるを得ないでしょう。国家というのは巨大な権限ですし、合法化されるというなら正当性があると考えるのが大多数の人間な訳ですから、どうすることもできないでしょう。とはいえそれは「責任」とは到底言えませんがね。

ソ：確かにそうだね。とはいえ今しがたあげた悪法はかなり極端な例だが、そもそも見方次第では全ての法律が悪法だとも思うのだがね。

マ：と、言いますと？

ソ：つまり全ての法律は不公平であり、特定の人間の利益に否が応にも偏っているというわけさ。

マ：例えば窃盗とかを規定する法律もですか？

ソ：そうさ。店のパンとかを盗んだら監獄に半年ほど入れられるとかいう法律があるとしよう。ではこの法律は国民全員に平等か？そんなわけがない。金を持っている人間は食うには困らないから盗むことは滅多にないが、明日の食事も心配せねばならない貧乏人だとそうはいかないだろう。更に言うと、監獄に入れられるというのも人によって効き目がまちまちだ。金持ちや自由を満喫している人間にとって投獄されることは相当な死活問題だが、貧乏人にとってはそこまで苦ではない。むしろ、投獄されれば飯を保証してくれるから、自分から進んで投獄されようという人間すらもいるかもしれない。刑罰を受けるための条件と実際の刑罰、これらは全員に平等に規定されても、全く各々にとって重みが違う。そのためこれは不公平であり、それゆえに悪法であると言えないかね？そもそも上に立つ人間が十人ほどの人間に平等に気配りするだけでもかなり大変なのに、それが百万単位になるとどうなることやら。必然的に法律は悪法的なものを孕むと言っていいだろう。更に、税金だってそうであろう。同じ金額を払うなら当然金持ちよりも貧乏人の方が負担が重くなるのは必然である。尤も、多くの国においては税金の徴収比率が違うからある程度のバランスはとっているがね。

マ：とするのならば、あなたは法律には従う必要はない、と仰るのですか？

ソ：そうは言わないさ。それはやはり極論であり、国家がそれこそ乱れてしまうからね。全ての法は悪法かもしれないが、やはり程度の差はあるだろう。特定の人間にとってだけ異様に利益をもたらしたり、逆に著しい損害をもたらしたり。だからあまりにもその法律が不合理甚だしい場合は、国民がその法の悪法っぷりを国家に訴えて撤回させるような権利はやはり付与するべきとは思うね。つまり、法に従うという国民の国家に対する「責任」もあるわけなのだが、逆に、その法を撤回させるという権利を与えるという国家の国民に対する「権利」も与えてこそ公平というものだがね。

マ：なるほど。ところで一つ聞きたいのですが。

ソ：なんだね？

マ：「勤労の義務」というのは国家に対しての責任なのでしょうか。我々は皆何かしら働かなければならないのでしょうか。

ソ：それはねぇ、どうなのだろう。まず、道徳的な観点はおいておくとして、国家の機能を維持するためには人員がどうしても必要である。警察にしろ司法にしろ、郵便にしろ、教育にしろ、交通建築にしろ、ゴミ掃除にしろ、それは結局人がやらないといけない。仮に国が莫大な金をそれに投じて優れたシステムを作り上げたところで、それを実行する人間がいないとどうにもならない。だからまずそういう意味では働く「責任」はあると思うね。とはいえ、国家には少なくとも数百万人はいる。そのシステムを維持するにあたってはその二割くらいでも多すぎるくらいだ。となるならば、残りの人間は労働の義務はあるのか、働く責任はあるのかと聞かれるとどうだろうか。なるほど世の中には色々な人が色々なやり方で働くわけだから、それによって色々なものが産出されるわけだ。単に腹を満たして生物学的に生存するだけでない、美味であったり珍味であったりするような料理が出たり、色々な芸術作品が出たり、技術的にどんどん便利になったりしていくのは多くの働いている人達がいるからであろう。しかしそれは働く「責任」というべきことだろうか？私にはなんとも言えぬね。それに結局働くというのも多くの人間にとっては自分の都合によって働いているのからね。そう言った神の見えざる都合とやらによって国は成り立っていくのさ。まあそれは国民に限らない。国家、つまり政治家とか官僚も同じようなことさ。

マ：なるほど。しかし国家の発展に寄与すべき「責任」はやはりあるのでしょうか。

ソ：なんとも。ただまあ「誰かの得は誰かの損」であるし、「集団の得は個人の損により成り立つ」のでもある。

自国の文化から逃れることは可能か？

Peut-on se libérer de sa culture ?

（二〇一七、理系）

ソクラテス：文化とは何か？　まず改めてその定義をする必要がある。

マテーシス：はい。

ソ：文化はその国家の余剰である、というのをしばしば聞いたことがある。ではその国家の余剰ではない、いわば本質的なあるいは必要な部分と、余剰の部分とは各々どのようなものかを具体的に考える必要がある。

マ：まず余剰ではない必要な部分というと、まずは食料でしょう。当然国民は食べなければいけないから食べ物や料理があります。次いで必要なのはインフラです。道路、交通網、水道、電気、建築、その他諸々の要素です。あとは銀行とか金銭面で重要な設備もありますね。社会保障もありますね。他国からの侵略から国を守るために防衛隊や軍隊も必要でしょう。これらはほとんどの国家にも見られるものであり、あまり国家同士の違いはないと思います。道路や水道に文化ほど国民性の特色が出るのはあまり見受けられないですね、何かしらの国民性による違いはあるかもしれませんがね。飲食物もそうでしょう。国民ごとの料理はありますが、基本腹を満たすだけならそこまで顕著な違いは出ないかと思います。といっても西欧、中東、東欧ではやはり差はありますがね。私としては飲食物が最も文化というものを表していると思います。

ソ：というと？

マ：ある意味では食べ物が必要的な部分、それを発展させた料理が余剰的な部分と私は考えるのです。単に生きていくだけなら普通のパンやご飯だけでも事足りるでしょう。でも多彩で美味しいものを食べたいと思うのが人間の性ともいえ、生きていくのにそこまですることはないのに普通の食べ物よりも高い金を出して料理を食べるのです。私が食べ物を最も文化を象徴していると考えるのは、それがほとんど全ての人間が無縁ではいられない要素だからです。

ソ：つまり文化といえば、文学、音楽、スポーツ、絵画その他諸々いくらでもあるが、それらは国民の一部の人間にしか興味を持たないものである。一方で食べ物や料理は食欲という人類の共通項ゆえに、大多数の国民が興味を示すわけだね？

マ：おっしゃる通りです。

ソ：しかしその料理を筆頭に、文化において国民性はどのように醸成されていくと君は思うかね？

マ：色々な要素があると思います。一つは国土の地形的な部分があるでしょう。例えば周りが海に囲まれた国と内陸の国では魚の流通具合が大きく違うと考えるのは自然でしょう。だから魚料理が海に囲まれた国で発展することがあり得ます。牧草地が多いと野菜も料理に取り込まれますし、肉体労働が多いなら肉料理も発達するのではないでしょうか。地形の他に、国民が大人しい性質なら草食的な料理が、荒くれ者が多いなら肉食的な料理が多いかもしれません。また経済状況によって限られた資産しか料理にかけられないなら、その限定された金でうまくやりとりしたコスパの良さげな料理が出されることでしょう。そして文化要素と国民が相互に間接的にやり取りしつつその文化が発達していくのではないでしょうか。例えば何か小説作品とかが出されたら、その作品に対して多くの読み手が色々意見を言う。批判や中傷、賞賛があったりする。それが間接的に小説界にフィードバックされまた何か小説界に変化をもたらす。

ソ：そしてその変化した小説界が更に読み手に間接的に変化をもたらしていくわけだ。

マ：はい。

ソ：そして文化がどんどん形成され、発達していく、少なくとも変化していくわけだ。

マ：はい、そうなります。

ソ：それでは本題に入ろう。人は自分の国の文化から逃げられるのか、ということだが。

マ：逃げられる、というのはどういうことを指すのでしょう。単に物理的に去るわけではないと思います。それならさっさと別の国に行けばいいだけなのですから。もっと精神的な部分についても考慮に入れた方がいいかと思います。

ソ：そうだね。先ほどの食べ物の例もあるから精神的な部分だけでなく、生理的な部分についても考慮しないと行けないかと思うがね。

マ：はい。

ソ：とりあえず具体例を考えてみたいと思う。とりあえずある人物がいてその人間は現在三十歳。生まれ育った国どころか地域すら出たことがない人間で、それまで学校を卒業して仕事をしてきた人物だ。いってしまえば普通の人間というわけだ。そしてある程度流行の小説や動画とかをこれまた普通に追いかけたりして、また結構仕事帰りに足繁く居酒屋に通うこともある。さてこの人間が三十になってから何か転機が訪れる。まあその理由はなんでもいいが、たまたま居酒屋で別の外国人の女性と仲良くなり、結婚するに至り、それによって彼は外国で暮らすようになってしまうということにしておこうか。するとどうなるか？

マ：まず、物理的には自国の文化から離れたとみて間違いないでしょう。とはいえ、故郷の小説なりなんなりがその国に輸出されているかもしれませんがね。

ソ：そうだ。では精神面的な部分はどうだろうか？

マ：確かに、自分の文化から完全に抜け出せたかと思うと疑問ですね。今まで故郷の小説を読んで楽しんでいたので、当然更に新たに発売された小説を読みたいと思うでしょうし、今までの愛読書だって外国へと持っていき再読することもあるでしょう。また故郷で食べた料理だって恋しくなるでしょうし、故郷での習慣というか生活様式も体に染み付いているため、外国の様式とは肌が合わずこれまた恋しくなるでしょう。こういう状態だととてもその人間が文化から完全に抜け出た、とは言えませんね。

ソ：もちろん、そのあとは人によりけりだといったところだろうがね。なんだかんだで外国の文化にもうまく溶け込むようになることもあれば、それこそ外国に嫌になって故郷へと舞い戻るかもしれないがね。

マ：そもそも自分の国の文化から完全に逃れるというのはどういうことでしょうか。

ソ：そうだね。住んでいる外国の料理を何の問題もなく食べ、そこの慣習に問題なく適応し、テレビや書物も好きか嫌いかは別として特に違和感なく鑑賞できたりする状態を指すのかもね。故郷にあったスポーツ、催し、娯楽そういったものになんら未練もないような状態を指す。また、当然ながら母国語ではなく外国語を相応にマスターして駆使していくことも要件だろう。

ただ実際に百パーセント、完全に自国の文化から逃れることは可能なのかどうか、疑いは拭い切れないがね。というのも広義の意味での文化というのは、単にスポーツとか料理とか小説とかそういったことではなく、その国の空気というか空気感というか、うまく単語で述べられない雰囲気的なものだと私は考えている。その国の国民性もその大きな要素の一つだ。それで、その環境における雰囲気的なものの影響を受けて人は育っていく。それはその人間の血髄、心髄、脳髄にまで染み込んでいるものであり、例え外国に移住してそこの生活にうまく馴染めても成長過程で染み込んだそれらは果たして拭い切れるものなのだろうか？　理論上はありうるだろうが、実際にはそうそうないと訝っているがね。

マ：もし仮に完全に脱ぎ切ることができたら、その人を自国にいた時から見知っている人からしたらまるで別人のように思ってしまうかもしれませんね。無口だった人間がやたらと饒舌になったり、愛想が良さそうな人が強面になったり。しかし冷静に考えてみれば文化というのは必ずしも余剰的な部分ではないかもですね。もしかすると親しい相手に送るメッセージの言い回しとか使う顔文字や記号、あるいは目上の人とか取引先に何か依頼するときの文章の言い回しや形式、書体っていうんですかね、も文化と考えられなくもないです。ですから、国のあらゆるところが文化であり、そこで生まれ育ったなら本当の意味で抜け切ることはかなり難しそうです。

文化の多様性は人類の統合の障害になるか？

La pluralité des cultures fait-elle obstacle à l'unité du genre humain ?

（二〇一九、哲学）

ソクラテス：人類の統合は可能かどうか、ということだが仮に文化に多様性がなく画一的だとしてもそもそも人類の統合は可能なのだろうか？

マテーシス：正直今までの自分の人生経験からだと人類が一つになるとかはあまり考えられないですね。

ソ：ほほう、私にもその理由がなんとなくわかるが、あえてなぜそう思うかね、と聞いてみるとしよう。

マ：それは、結局人は争ってしまうからですかね。なんというかうまく説明できないですが、自分と違った意見や感情あるいは振る舞いがあるとやはりつい嫌悪感を抱いてしまうのでしょう。もちろん、大人になり社会に出ている多くの人はその嫌悪感を表には出さないでしょうが、結局心の中に抱いていることは変わりありませんからね。そういった人間同士の差異が確執を生み出してしまうのです。

ソ：「自分と完全に調和できるのは自分だけである」とある哲学者は言っているね。どんなに似たような人間同士であっても必ず何かしらの違いはあるからね。神の多様な創作、と言えばいいのか？

マ：それ以外にも色々あります。優劣がつけば劣った人間が優れた人間に嫉妬することはあるでしょう。仲の良い人間も金銭が絡めばその仲が破綻することもあるでしょう。また成功することは必然的に誰かを蹴落とすことでもありますので、それでこれまた全然関係ない敵を作ることもあるでしょう。正直に言えば人間を決裂させ、大きな諍いが起きる要素がこの社会には多すぎます。例えば同じ文化を持ち、似たような境遇にあったとしても、です。そう考えると、むしろ表面上であれそれほど大きな諍いが見えていないこの社会が逆に奇跡的に成り立っているとすら考えられます。

ソ：確かにそうだね。そもそも人類が統合する、人類が一つになるというのは一体どういうことなのだろうか？　まさか肉体的に全員が合体したり融合したりすることを指すのではあるまい。

マ：そうですね、冷静に考えてみるとどういうことなのかあまりわからないですね。

ソ：とりあえず事情を簡単にするために、人類ではなく二人にしよう。二人が一つになるというのはどういうことを指すのかね？

マ：考え方が一緒だったり、同じ事柄に熱中していたりすることですかね。

ソ：しかしそれはいくらその二人が仲良くなるといったところで、四六時中というわけでもあるまい。せいぜいたまにということだ。もしも恒常的にそうなら、常にその二人は同じような考えを持ち、同じことに熱中していないといけないことになる。意識している対象もまた一緒ということになる。だがそういうことはとてもあり得そうにないことだと思うがね。贔屓目に見て、諍いをすることはなく結構な頻度で会ったり、連絡し、友好な関係を築き続けるのが関の山だと思うがね。まあ、それも世の中では相当稀な優れた関係ではあるがね。

マ：そうですね。ましてや大きな集団が一つになるということは極めて難しいですね。

ソ：もちろん一過性の場合を含めるならありうることだがね。例えば敵国が自分の国に侵攻しようと実際に一、二回ほどの攻撃を加えたとしよう。するとその国の国民はその攻撃してきた国への敵意に湧き上がるだろう。そして反撃、少なくとも防衛することで国民が盛り上がり、国が一つに統合されるかもしれない。しかしまあそういう時で大きな差は出ると思うがね。徹底的に敵国を潰せというものもあれば、あくまで最小限度の防衛でいい、愛国心に燃えて兵役に志願するものもいれば、手柄を立てるという損得のために志願する者もいる。戦争を利用して金儲けを企てる人間もいれば、戦争に賛成ながら当人は家でのんびりしている人もいる。本当は興味ないのに空気を読んで周りに合わせている人もいるだろう。結局表面上はみんな一緒に盛り上がっていたところで、温度差はバラバラというわけさ。

マ：なるほど。やはり人は例え熱狂していたとしても孤独の塔の住人というわけですね。

ソ：そういうことだ。だが質問は人類が統合できるか否か、ではなく、あくまで「多様な文化が人類の統合を妨げるかどうか」というわけだから、それについて考察するとしよう。

マ：はい。

ソ：とりあえず二人の人間がいると仮定しよう。確かに完全な調和は不可能だろうが、かといって全く調和できないわけではない。先ほどの例で挙げたように、ある事柄に関して同じような意見を持っていたり、同じ遊戯に熱中していたり、同じような人生観を持っていれば、それら各々が異なっていた場合に比べればまだ調和していると言えるのではないかね。

マ：確かにそうですね。

ソ：文化がお互い異なれば価値観が異なると考えるのが普通なので、やはり調和はしにくいものと考えるのが普通だと思うがね。

マ：その通りかと思います。

ソ：具体的に考えてみるとしよう。二人の人間が各々異なった文化を持っている。例えば料理では片方が魚や野菜が好きで、もう片方は肉が好きである。その人間が交遊する場合、やはり食べ物で意見が合わず、お互い一緒に食事したくなる可能性が出てくるわけだね、それによって？

マ：確かにそうですね。とはいえ文化交流が生まれることも事実ですね。それでお互いの知らない料理を味わったりして逆に仲が良くなることもあるかと思います。そういう意味では結局性格的な相性の問題かもしれませんね。

ソ：ふむ。

マ：とはいえその性格も直接的にせよ、間接的にせよその国の文化によって醸成されるわけですがね。

ソ：まあ料理は人類共通の代物であるからね。不慣れなものも食べてみれば案外美味しかったりもする。しかし読み物系や映像系、娯楽系あるいは音楽系はどうかね？

マ：確かにそれだと、調和の妨げとなるのが上の料理よりも大きい気がしますね。食べることは万人共通の欲求なのでまだ調和することができますが、それらは感性的なもの、知性的なものが必要とされますからね。例えば読み物が流行している文化で育った場合、その文化で有名な作品とかあったりするじゃないですか。読み物がそんな好きでない人でも一度くらいは読んだ作品とか。そういうので一応同じ文化内の人と盛り上がったり話を合わせたりすることはできますが、違った文化で育った人だとそういう有名なのは知らないわけですから話しようがないわけです。そういうわけですから、やはり話が合わせることが難しくなります。仮に読み物が盛んな文化であったとしても、お互いが基本的にお互いの作品を知らないので、やはり話の盛り上がりが難しいですね。世界共通の文学ならともかく、ですが。そして相手の国の読み物を読もうとしても、言語を初め感性的なものや社会背景的なものもあり馴染むことが難しいでしょう。もちろん好きになることもあり得ますがね。

ソ：実際に多くの国では結局自分と同じような人と固まっているね。

マ：はい。類は友を呼ぶと言いますか。まあ同じ国籍だったり、同じ人種、同じ職業、同じ趣味とかで結局固まってしまっているのですね。結局は同じような文化ということでしょう。広義な意味での文化ですね。しかし文化の多様性が人類統合を妨げるのはいいことでしょうか？

ソ：いいこと、の具体的な意味がわからないから何とも言えないが、文化の多様性自体は望ましいと思うがね。それにより様々な価値観や考え方に触れることは事実なのだから。そして自分とは異なる価値観や考え方に触れて最初は嫌悪感を抱く人も、なんだかんだでそれに慣れてなんとも思わなくなり、閉鎖性が阻却される可能性が大きいからね。無論人と人との統合はできないだろうが、閉鎖的でもできないのでいっそのこと突っ切ったほうがいいかもね。

道徳的信条は経験に基づくものであるか？

Nos convictions morales sont-elles fondées sur l'expérience ?

（二〇一六、哲学）

ソクラテス：自分の抱く道徳は経験に基づくか、それとも生まれつき備わるものか否か。要するにその人間が抱く道徳的な感情は先天的・アプリオリなものか、それとも後天的・アポステオリなものかどうかといったところだろう。

マテーシス：私としては後者の方に重みをおきますね。とはいえどちらか一方のみではないのは間違いですがね。

ソ：なぜ後者の方に重みを置くのかね？

マ：やはり人というのは周りの影響を受けますからね。特に子供時代に育った環境は。実際貧しい地域と裕福な地域へと赴けば、それはいやというほどわかります。やはり道徳性は全然違います。貧しい地域の人は犯罪をすることも何とも思っていないのは明らかですし。

ソ：確かにそうだ。環境、言ってしまえば周りの空気によってそういった道徳性が醸成されるのであろう。道徳性というが、それは純粋な道徳そのものというよりも、どちらかと言うと都合という一種の損得的な部分が入ってきている。どういうことかというと、貧しい地域では犯罪が多発し、場合によっては犯罪をしなければ生きていけない状態である。それ故、犯罪は毎日耳にし、目にすることもある。そのため犯罪に慣れてしまうのだ。譬え自分が犯罪に手を染めなくとも、ね。だから誰かが犯罪をしてもそれを殊更に批判することはない。一方で裕福な地域では犯罪がなされることは少ない、貧しい地域よりはね。何せそんなことせずとも生きていけるから。それで犯罪は滅多に耳に入らないし目にしないから、不慣れな犯罪がその裕福な地域で起きると不意をつかれて驚愕してしまう。そのため犯罪に向ける目線が貧乏な地域よりも厳しく、少し奇妙な言い方だが犯罪をしづらい雰囲気が醸成されているのだ。もちろん、犯罪をする必要性がないというのもその通りだがね。

マ：確かに裕福な地域ほど、マナーとか礼節が重んじられますね。

ソ：そうだ。しかしまあ、マナーとか礼節の裏には人間の利己心が抑え込まれている。裕福な地域ほど表面上そういう振る舞いをするが、自分の身に危険が迫った場合、どうなるのかは分からない。同じ裕福な地域でも利己心をむき出しにする者もいれば、それでも平然としている者もいるのだろう。そういう突発的な異常事態においてその人間の本性が明らかになる。君も経験があるだろう？

マ：確かに。優しそうな人が豹変するのは何度か見てきました。

ソ：それで、私は思うのだが、それこそが「先天的な」道徳であると思うのだ。

マ：アプリオリな？

ソ：そうだ。そもそも裕福な地域でも各々の抱く道徳的信条は異なるものだ。同じだけ裕福で同じ地域の同じ学校で通い続けた友人二人が、全く同じ道徳的信条を抱くことはなかなかない。というよりも、異なっているのが普通なのだ。若い頃は同じような信条でも、年齢を重ねていくにつれ異なった信条を抱き始める。何も道徳的信条だけではない。色々な価値観も変わっていくだろう。これはどう説明できるだろうか？　何か先天的なものと言えないだろうか。また、やはり同じ地域でも社会的に成功する人間もいれば、そこそこの人間もいれば、失敗していく人間もいるだろう。価値観や社会での成功の度合いが異なれば、必然的に抱く道徳的信条は異なる。だから本人ですら自分がどういう道徳的信条を抱くのか案外分かっていなく、自分のその信条が今後どう変わっていくのかはもっと分からないときている。

マ：しかしどうして道徳的信条というものは変わっていくのでしょうか。

ソ：まあ無数の要素があり、私でもとても完全に把握することはできない。社会的な状況が変われればやはり信条は大なり小なり変化を被るであろう。歳を取れば人は孤独な存在だということを痛感するし、結婚もすれば金を稼がなければならない。子供ができたり自分がやがて死ぬ存在であることを悟れば死生観も変わるだろう。天変地異や大きな人災がもたらされればやはり価値観も変わっていく。価値観が変われば必然的に道徳的な信条も変わるわけだ。

マ：人に成長していくにつれ、見える景色が異なっていきますからね。それが道徳にも影響を与えるのでしょう。

ソ：しかしまあ、道徳というのは所詮付属品、いわばアクセサリーみたいなものだ。人がアクセサリーを身につけ身嗜みを整えるのは、余裕がある時だけだ。損得やあるいは自分の誇りやプライドがある程度関われば、大抵の場合最も簡単に消し飛ぶ。そして先ほども述べたが、そういう状態において本人の本当の意味での道徳性が明らかになるわけだ。

マ：本人自身、自分のその本当の道徳性に気づいてないこともあり得ますね。

ソ：そうだね。道徳的信条というが、普段意識している信条とは私は本当の意味での信条ではないと思っている。道徳に限ったことではないが人間を突き動かすのは何か無意識的なもの、自分でも気づいていないような何か神秘的というか不気味なエネルギーによって作用しているように思える。大人が子供を見ればそれが一段とわかるだろう。子供たちは自分の意思で動いているというより、何かゼンマイが巻かれて突き動かされているように見える。自分たちよりもはるかに優れた存在がいたらやはり同じような感じに見えるのかもしれないね。まして突発的な不慮の出来事に遭遇した場合、それこそ本人自身すら気づいていなかったような行動にでる。狂気に囚われたほど大暴れをすることもあれば、逆に普段からでは想像もつかない冷静な振る舞いをすることもある。つまり普段の何事もない日常ではそういったものは本人の奥の奥の更に奥にあるのであり、本人自身ですら見当もつかない代物だ。

マ：なるほど。

ソ：とはいえ、やはり人間というのは利己的なものだからね。やはりその奥底の深層部分にあるのもやはり利己心絡みと考えるのが妥当だからね。

マ：道徳によって利己心は克服できるものでしょうか。

ソ：私としては無理だと考えるね。そもそも利己心というのは自分が自分を大事にすることだ。盗みや何か私欲絡みの殺人、強姦や横領、こういったものは利己心の顕著な表れであるが、つまり他人を押しのけて自分を貫き通す。どれほど綺麗事を並べても自分が一番気を遣うのは自分だ。そしてそれは生物的本能としてはむしろ真っ当なことだと思うがね。自分の子供を除いて、自分よりも他人に重みを置く方がどこか異常だとすら感じる。まあそういう人間が実際にいたら私は好感を持つかもだが。そして道徳というのは色々な態様があるが、大まかなものの共通項を把握すれば、それは自分よりも他人を優先させることだ。金を奢るという小さなものから、自分の生命の危険も顧みず相手を助けたりするという大きなものまでね。そして考えて欲しい。自分が他人よりも自分を大事にする利己心と、自分が自分よりも他人を大事にする道徳、どちらが強いかは言うまでもないことだね？

マ：はい。やはり利己心になってしまいます。

ソ：そうだ。そして世間一般の風潮としては上の利己心が悪であり、道徳が善とされている。それ自体はともかく悪の方が善よりも世の中に跋扈するのは極めて当然と言えるのではないかね。実際にそれらが悪で善なのかはともかく、ね。

マ：確かに。

ソ：そして上で述べた、窃盗や強姦や殺人といった利己心は、生物学的には正しいかも知れぬが、それで無関係な人間が巻き込まれたらたまったものではない。そしてそういう考えを世の中の人間がみんなするようになったら、それこそ「万人の万人に対する闘争」が生じるわけだから、社会の安寧のために押さえつける必要があった。そしていわゆる道徳で利己心を押さえつけるようになった。だから道徳という代物は、元来は広義な意味で損得勘定、いわば都合によって構成されたものと言えるだろう。世の中の個々人の道徳の大半は都合という見せかけであるが、そもそも国家の道徳も都合という見せかけというわけさ。いわば国家や社会自身の利己心と言えるかもしれないね、道徳は。そしてその社会で育つ人は、その社会の道徳を身につけ自己の道徳信条を身につけていくのだが、そもそもの社会の道徳が利己心、その言い方が悪いのであれば都合によって構成されているのだから、ここで大いなる皮肉が生まれるというわけだ。

生き物すべてを尊重することは道徳的な義務であるか？

Respecter tout être vivant, est-ce un devoir moral ?

（二〇一五、哲学）

ソクラテス：この質問でまず真っ先に考えなければならないのは「尊重」という言葉の意味である。「尊敬」ではなかろう。その人間を素晴らしいものと無理やり認めることではなかろう。だとするのならば、その人間の必要性を認める、ということだろうか。

マテーシス：或いは、その生き物の権利を決して奪わないようにするとか。

ソ：権利とは？

マ：まあ表現の権利とか、歩く権利とかいくらでもありますが、何よりも生かす権利ですかね。

ソ：まあ、「尊重」の意味はそうだとしよう。しかしまあ全ての生き物を生かす権利についてどれほどもっともらしい理論を並べ立てたところで、人は動物を殺してそれで美味しい食事を食べているわけだからね。狩りのように食料としての動物を殺すこと自体はやっていなくても、肉とかは多くの人間が食べたことだろう。散々動物を食べていて、「全ての生き物を尊重するべき」などと唱えるのは、傲慢さ甚だしい。肉を食べず野菜しか食べない人間もいるだろうが、野菜だって元は植物であり、生物学的な分類だと「生き物」なわけだ。それならほぼ全ての人間がある生き物を食べているわけだ。更に、衛生を保つために、部屋にある細菌等を消毒するし、虫やゴキブリがいたら殺すか、よくて逃がすだろう。細菌やゴキブリだって生き物な訳だ。そして細菌に至ってはそれを消毒することによって人間の生存率が上昇したのは歴史の示すとおりだ。だからどれだけ贔屓目に見て、綺麗事をこの上なく巧みに使ったところで、全ての生き物を尊重することなど不可能だ。何かそれが可能なユートピアめいた社会を文学の才能がある人間が描き出すことは可能かもしれないが、そのようなものが仮にあったとしても現実的なものになるなど到底考えられない。

マ：はい。

ソ：というわけで、私はこの質問を変えたいと思う。

マ：と言いますと。

ソ：「全ての人間を尊重する義務はあるのか」という風にね。

マ：なるほど。

ソ：それで、君はこれをどう思うかね。

マ：誰かが誰かを殺す権利はないと思います。

ソ：ほう。だが知っての通り世の中には悪人は多くいる。例えば君はある男が建物を爆破し、そこから金を奪ったりするのを企んでいるとしよう。必然多くの死者が出ることだろう？君はその男をどうするかね？

マ：止めるべきですね。どういう爆弾かは知りませんが、それの製造を止めたり、爆破を目論んでいるビルから人を退去させるのを促したりします。

ソ：それができない場合は？事態は緊急であり、もはやできることといえばその男を殺すくらいのことだったら？

マ：それは、やはり、そうですね、殺してでもその人間を止めるでしょうね。殺せる場合なら、ですがね。

ソ：それは「尊重」にはならないのではないかね。

マ：確かにそうですがね、そのビルを爆破しようとしている人間は「尊重」していないわけですから、一種の正当防衛が成立すると思います。仮に私が殺人罪で逮捕されても、法律的に見れば正当防衛で私は無罪になるでしょう。

ソ：つまり「目に目を、歯には歯を」、尊重しない者には尊重しない者を、というわけだね。

マ：そういうことになりますね。

ソ：ではそれ以外の場合はどうかね。悪事を働くが誰かを「尊重」しない、というのではない。

ならばその人間は「尊重」するべきかね。或いは明らかな悪事は働かないが、嘘を普通についたり、他人に迷惑かけたり悪口を言ったりする、凡庸な悪人とでも言えばいいかね。こういう人は「尊重」するべきだと思うかね。

マ：最初述べた「尊重」の定義に従うのならば、「尊重」するべきだと思います。そもそも人というのは自分で思っている以上に自分を制御することができないのですよ。ある人は人間の人生上の運命を司るのは「遺伝、境遇、偶然」としています。実際に育った環境が違えば異なった人間が出てくることでしょう。貧しい地域に生まれれば、必然教育を受ける機会が乏しく倫理観もまた薄いことでしょう。誰だって貧しい地域よりも、ある程度以上に裕福な土地で生まれたいでしょうから、彼らはある意味単に運が悪かったのでしょう。天才だって文字通り天によって与えられた者ですからね。

ソ：確かにね。君の言っていることは実にその通りだと思うよ。

マ：尤もその人間を好きになるかどうか、関わりたいかどうかはやはり別ですね。殺してはいけない、は最も広義での「尊重」でしょう。「尊重」の意味を狭めていけば、どんどんその人間を愛しなさい、という具合になっていくでしょうが、そうなってくると話はやはり全く別になるでしょう。はっきり言いますが、悪人は悪人ですので。愛さなければならないとか思って、じゃあその人たちと積極的に関わると、痛い目に遭うのはこっちですからね。

ソ：それはその通りだ。世の中は綺麗事でやってゆけないのは大人になれば誰だって気づくだろう。一生の間ずっと隠遁していたりなら別かもだが。そもそも「尊重」するというのはそれほど大事なことだろうか？

マ：と言いますと？

ソ：もちろん、文字通り生かすという意味での「尊重」は必要だろう。だが言ってしまえばこの世は一種の競技場だ。なんらかの形で頭角を表し、成功していくなら望もうと望まずとも周りを蹴落としていくことになる。大学に合格すれば見たことのない大学受験生の誰かを間接的に蹴落とすことになる。商売で商品がヒットすれば多くの収益の金が入るが、その金は他の店から奪い取っている。優れた芸術作品、研究論文は他のそれらをそれよりも劣ったものにする。哲学もまた他人の哲学を反駁することによって成り立つ。そのために「尊重」の解釈は人様々であるが、「尊重」は世間で言われるほど重要なことだろうか。もちろん「尊重」せずに他人にズケズケと中傷したり、侵害したりするのはやはり悪人らしいとどうしても言わざるを得ない。そんなことをすれば手痛いしっぺ返しを被ることだろうからね。

マ：なるほど、難しいところですね。

ソ：まあ他人に「尊重」はともかくとして、意識を向けるべきではあるね。無下にするな、ともいうことだが。ビジネスも、創作も、論文も基本人を相手にすることが多いので、嫌いな人間も単に嫌いだけにとどまるのではなく、ある程度その存在の正当性を認めれば何かしら利益を引き出したり、事を成し遂げたり、やはり良好な人間関係に認められもしようからね。最もそれは「義務」ではないがね。あくまでそうすれば利便性があるというか、便利というかだからね。

マ：はい。

ソ：それに「尊重」するのが義務か、というのも変な質問だと思うがね。これだと我々の意思に関わりなく他人を「尊重」しないといけないわけだが、仮に私が「尊重」したいと思わないのに「尊重」しろと言われたら今度はそんな私を「尊重」していないことになる。最初の解釈である「生かす」という意味での「尊重」は必要とは思うが、それ以上はむしろ本人の自由とも思うがね。しっかりと法律が整備されていれば。好意や敬意、いや軽蔑や嫌悪だって相手に無理矢理抱くような代物ではない。むしろ対象相手が我々にそれら諸々の感情を無理矢理引き起こさせるものだからね。

理性とはすべてを正当化することであるか？

La raison peut-elle rendre raison de tout ?

（二〇一七、哲学）

ソクラテス：全てを正当化するとは、どういうことだろうか。それはある自分にとって都合の悪い出来事があるが、自分にとって都合のいいように置き換えることだろうか。あるいは自業自得だと心の奥底ではわかっているのに、誰かに責任転嫁することだろうか。

マテーシス：もし質問の意図がそうなのであれば、それは間違いと言わざるを得ないでしょう。それは理性を使用する、という表現が不適切で、むしろ理性を麻痺させていると言えるでしょう。

ソ：言い得て妙だね。人間に宿っている理性とはなんだろうか。人と動物を区別するのは知性があるが、それ以上に理性もある。程度の差こそあれ動物も知性を有している。私が動物と人間を区別するのはそれ以上に理性だと思う。しかし理性とはどういう状態を指すのか。

マ：私としては自己を制御する能力が大雑把な意味合いと思っています。理性でコントロールする、といった表現がしばしば用いられますからね。他方で、哲学分野では推論や論証的な能力を指していますね。おそらくこの質問のいう理性は後者を指しているのでしょう。

ソ：そうだね、後者をもっぱら取り扱いたいが、ここでは前者の方も取り入れたいと思うね。

マ：しかし、同じ理性でも各々は何か正反対な要素な気がしますね。前者は心の理性、後者は頭の理性という具合に。

ソ：制御機能である前者の理性がなければ自己の衝動の荒波にあっち行ったりこっち行ったりと運び去られるだろう。そうならないように制御するのだが、その制御の仕方は様々だ。短期的な損得より長期的な損得の方が大きいから、周りの目線から、相手を気遣って、あるいは人生観からとか色々ある。心情的な面が確かに強いが、頭脳的な側面も強い、一方で後者の知性的な側面の強い理性も、心情的な側面もやはりある。適切な推論をしたり論証的に考察するのを心で自己統御する必要がある。つまり自分にとって都合の良いように考察しないように自分を統御しなければいけないというわけだ。だから本質的にはどちらも同じであり、その対象が生活や社交か、学問や論文かの違いに過ぎないのかもしれない。

マ：なるほど。

ソ：さて、前置きはこの辺にして本題に入るとしよう。理性は正当化させるということだが、これは決して自分の都合の良いように解釈させるのではない。君はこれを理性の麻痺と捉えたが、それはつまり自分を制御していないということだね？

マ：はい。例えば肉体的な要素においてもそれが何か害をもたらすものなら自分を制御して避けるか、あるいは中庸に基づいてそれを味わう必要があります。タバコとかアルコール類はそうでしょう。また食べ物もそうです。そしてそれを制御するにあたり理性の行使が必要です。同様のことが精神にも言えるでしょう。そして物事を自分にとって都合よく解釈するのは制御とは言えなく、むしろ自分にとって都合の悪い部分を見るのが理性の行使と言えるでしょう。つまり正当化するのではなく、むしろこの場合の理性とは不当化させることとすら言えるでしょう。もちろん本当に自分が正当なのにあえて不当化させるのは違いますがね。

ソ：そしてそのように自分を不当化させるには、推論的な能力や論証的な考察が必要になるわけだね。わかりやすい例として「人は晴天が続くといつまでも続くものと見なしがちだ」と言われているが、何か幸運な出来事が続くとそれが一生の間ずっと続くと考えがちだ。だがやがて幸運がなくなり、晴天に雲が覆うようになり、雨が降るという不幸が襲いかかるのが人生の常としたものだ。この雨が降ることを晴天の間に予測するのは紛れもない推論的で論証的な能力と言えるだろう。更にいうなら、これは心情的な、統御的な意味での理性も大いに必要になる。なぜならば晴天でハッピーに暮らしているのに、雨が降ったらどうしようと考えると億劫な気分になり面倒臭く感じてしまうからだ。だがそれでもなおそれを統御し、雨のことを予測する必要がある。そして雨が降るというのは天候における確率的な要素なので、また何もせずとも晴天になるだろうが、人生においてはそうではないからね。

マ：結局のところ、理性というのは客観的に捉える能力、ということになってしまいますね、こうやって話していると。

ソ：確かに、その通りである。とはいえ客観的に捉えるのは知性もそうである。では両者の違いは何か、と聞かれればやはり心情的な部分にあると思う。

マ：つまり制御能力ですね。

ソ：そうだ。単純に客観的に捉えるだけならそれは知性に過ぎない。そうだね、また例を挙げてみるとしよう。例えばある有名な異性の芸能人がいるが、別に自分はその芸能人を好きでも嫌いでもないとしよう。その芸能人に恋人がいることが発覚し、疑いの余地のない確たる証拠もある。するとそれを知ったその人は「ふーん」という具合にその事実をあるがままに受け入れる。一方でその人には想い焦がれている人が同じ大学内とかにいるとして、これまたその人に恋人がいることが否定の余地ない状態で発覚したとしよう。すると想い焦がれている人は色々と頭の中に考えが巡り始めるだろう。「これは何かの間違いだ、単にたまたま一緒にいただけだ」「彼らは兄弟姉妹だ」「彼女は別人だ」あるいは「すぐに別れるだろう」「一時的なほんのお遊びだ」とか色々ね。このようにして、都合の良いように解釈する。「主観的に」捉える、とでも言えば良いのかね。

マ：では畢竟するに理性とは「自分にとって都合の悪い部分を受け入れる能力」を指すわけですね。

ソ：そういうことだ。自分にとって全然関係のない物事なら意外と人は客観的に捉え、公平に判断できるものだ。だが損得とか名声とか自分に関わりのある物事になった途端、人はその客観的に把握する能力が大きく曇ってしまう。それは εγώ が邪魔するからだろうね。人から騙される時も、側から見れば騙そうとしているのがバレバレなのに、当人が騙されてしまうのは結局この εγώ があるからだろう。この知性と理性の違いが最も顕著に出るのが、天才なる人物であろう。この天才はその分野において際立った優れた業績を打ち立てるが、生活がめちゃくちゃだったり社交能力が壊滅的なのは、知性はあるが理性はないからだ。というより、甚大な知性と天才の特質である無尽蔵なエネルギーに理性が追いつかないのだ。

マ：なるほど。では本当の真の意味での天才は知性のみならず、理性も極限状態にあるわけですね。

ソ：そうだ。基本的に理性のない人間ほど衝動的に行動するが、逆に理性が極限まで発達した人間は不動の石のようにほとんど動かないだろうね。もちろん歩き回ったり旅したりして肉体的には動くが、精神的な動揺がほとんどゼロの状態であろう。

マ：仙人や隠者みたいですね。

ソ：ふふ。そして先程の話に戻るが、理性は自分を不当化させるものと君は述べたが、不当化させることによって正当化させる、とも言えるのではないかね。つまり自分にとって都合の悪い事実は受け入れて、自分にとって都合の良いように物事を運ぶように努めるという風にね。

マ：まあ、確かにそうではあります。ならば質問の答えも、「然り」としても良いかもしれません。

個人の良心は、その個人が属する社会を反映するものでしかないのだろうか？

La conscience de l'individu n'est-elle que le reflet de la société à laquelle il appartient ?

（二〇一五、哲学）

ソクラテス：「朱に交われば赤くなる」という諺があるように、良心に限らずある集団に属していたなら知らず知らずのうちに人は影響を受けるものだ。

マテーシス：そうですね。貧しい街で育った人と裕福な街で育った人を比べても一目瞭然であります。

ソ：これはある意味負の連鎖と言えるだろう。裕福な人間は裕福な習慣に染まり、貧乏な人間は貧乏な習慣に染まる。そのため、その体に染み付いた習慣により裕福な人間は裕福なままとなり、貧乏な人間は貧乏なままとなる。もちろん例外もあるがね。或いは世間でいう学歴問題にも同じことが言える。貧しい学校、つまり偏差値の低い学校では周りは勉強しないからやる気はあってもついつい勉強を怠けてしまう。一方レベルの高い学校だと自分は元々あんまり勉強をやる気がなくても、周りが勉強を相応にやっている以上自分もついついやらなければいけない、という意識ができてしまうのだ。それにやらないと下位に陥ってしまうし。ともかく人は環境というものに自分で思っている以上に影響を受けてしまうのだ。では、良心。ここで問われている良心についてはどうだろうか。普通に考えれば、影響を受けている、と言えるのではないかね。

マ：まあ、その通りだと思います。

ソ：さて、まずは聞きたいが、良心とはなんだろうか。それについて考察しなければ、この質問に答えようがないと思うのだがね。

マ：例えば、迫害を受けている人間がいるとしましょう。その人間を見て、「可哀想だ」と思うのが、良心ではないでしょうか。或いは裁判官は己の良心に従って判決を下せ、といった言葉を聞きます。これはつまり法律に機械的に照らすだけでは係争事件に対して適切な判決を下すことができないので、最後は法律の規定ではなく、自分の考えで判決を下せということでしょう。そしてその考えは自分の利益を見込んでのことでなく、良心に即してということでしょう。それは或いは正義ともいえますし、信念ともいえますが、とにかくそういうことです。

そういうわけですので良心を大雑把に定義するのなら、利害がなく、かといって法律で定められているわけでもない。それなのにそれに善の関心を向けるということではないでしょうか。

ソ：なるほど。良心において私が考える身近で、一方甚だしい例としては、親の子供の養育であろう。親には子供を養い育てる責任がある。責任といっても、物理的に或いは理論上はやる必要がない。さっさとどこかの託児所に預けたりできるし、放ったらかしにすることもできる。現にそういったことをしている親もいるだろう。法律的に云々といったところで自分の家庭内である以上、いくらでも誤魔化しが効く。そして育てたところで何か利益が出ることはない。むしろ出費は嵩むばかりだ。だがそれでもなお、やはり大多数は育てていることは育てている。育児というのは大変なことであるにもかかわらずだ。なぜか？それはやはり良心ではないだろうか。おそらく自分でも気づいていないのだろうが、そういった良心によって育てているのではないだろうか。

マ：確かにそうですね。

ソ：では聞くが、これは社会の影響を受けるものかね？

マ：私としては受けると思います。自分で産んだ子供は自分で育てるという風習が成り立っていればやはり自分で育てるべきだ、という意識が芽生えることでしょう。そしてその意識が良心になるのではないでしょうか。逆に、どこか孤児院に子供を預けるのが当たり前になったら、そういった良心は薄れて今よりも多くの人は孤児院に預けるのではないでしょうか。というより歴史上そうで、歴史が進むにつれ自分の子供は自分で育てる、という風潮ができてきたようですが、それは一種の人類の進歩なのでしょうか。

ソ：どうだろうね、ただ自分の血をその子供に分け与えているわけだから、ある程度は「自分」なわけだから、「自分」が「自分」を養うのは当然とも言える。特に母の子供の愛はこの世で唯一と言っていいほどの、無償の愛だとも言えるだろう。愛や友情には必ず何かしらギブアンドテイク的なものが入る。まだ若い男女の愛だったらそれはないかもしれないが、それでも結婚して同じ家に住んだらやはり一種のギブアンドテイクが生じるだろう。だが母が子供に与える愛は、完全に無償のものと言えるだろう。それは果たして社会という風潮によって作り上げられたものだろうか？或いは「良心」という名称をつけることは間違いなのだろうか？

マ：なんとも言えないです。それはある意味男女の恋愛においても言えるものかとも思います。どの国の社会でも男にしろ女にしろ異性に恋するものです。特に若ければ。それ自体は社会では生物学的なものに属するものかと思います。ただ愛が芽生えた後、どのような行動を取るのか、については社会によって違うと思いますがね。

ソ：では君は、母の子供の愛にしろ、異性同士の愛にしろ、それは「良心」に分類されるものだと思うかね？

マ：いえ必ずしもそうではないです。とはいえそこに利益がなく、法律的に定められている訳でもありません。そのため、先ほどの大雑把な定義に照らし合わせれば「良心」に属するものかと思います。

ソ：確かにそうなるね。

マ：人間には喜怒哀楽の感情が備わっています。その中で良心というのは「哀」の属性が強いのではないでしょうか。そして感情の発散のさせ方は国によって違うでしょうが、感情を抱くことそれ自体は人間的なものです。そしてそれは社会風潮がどのようなものであれなくなるというのはあり得ないことではないと思うのですが。

ソ：つまり「良心」の表し方というのか、「良心」に基づいて行う行動は社会を反映させるかもしれないが、「良心」を抱くことは人間に先天的に由来するものである、というわけだね。

マ：はい、そうです。

ソ：それだと、この質問を肯定するのでもあり否定するのでもある。とはいえ、世の中完全に肯定されることも完全に否定されることも稀であるので、それでいいのだろうが。では職業上の良心はどうかね。先ほどの裁判官をまた例に取ろう。最終的には自分の「良心」に即して判決を下さないといけなくなるわけだが、それには社会的な風潮はあるのだろうか？

マ：ありうるかと思います。これは完全な空想の下で話すわけですが、例えば奴隷と主人が係争しているとしましょう。両者の争いは拮抗していて、法律の規定に照らし合わせては判決を下せない状態とします。そしてその裁判官は「奴隷が主人と係争することはけしからんことだ」という「良心」を心の底から抱き結局主人に有利な判決を下すことはあり得るでしょう。奴隷という概念自体が禁じられている社会ではこれは考えられないことであり憤慨ものでしょうが、その社会では別段奇異に映らないのではないでしょうか。或いは裁判官が「良心」に即してある人を拷問の刑に施す。拷問のない社会、少なくとも公には出ない社会においてはやはり暴動ものでしょうが、犯罪者等に対する拷問が当たり前のようにある社会ではやはりそんな奇異には映らないことでしょう。あのフランスのギロチンも犯罪者を救うための「良心」として作られたとのことですから。

ソ：なるほど。

マ：集団には必然的に規範があります。明示的にしろ暗黙的にしろ。故に家庭や友好関係、職場、地域社会、そして国家、それにおいて日常的にその規範に即して行動する必要があるのでしょう。その規範によって人は形成され変わってゆくのかと私は考えます。それによって人間の感情、或いは「良心」自体を抱くことは無くならなくとも、その表し方は変わってくるものかと思います。

ソ：確かに、そうだね。

マ：とはいえ、その表し方にもそういった「規範」を脱したものもあるかと思います。いかに集団に「規範」があったところで、そこに属している人間が全く同じように従い、同じように振る舞うということはないです。それが「良心」と言われるのにも同様のことが言えるのかと個人の良心は、その個人が属する社会を反映するものでしかないのだろうか？

思います。

行使する権利のあることすべてが正しいものであるか？

Tout ce que j'ai le droit de faire est-il juste ?

（二〇一七、哲学）

ソクラテス：ここで言う権利とは、法律的に定められているものかね、それとももっと広範な意味での権利なのかね？

マテーシス：基本的には法律に基づいているものと考えていいと思います。とはいえ人間は属しているその国家にいれば法律に定められていないこともできるでしょう。だから権利というのは法律に定められている行為、というよりも、法律に禁止されていない行為と捉えたほうが適切でしょう。

ソ：そちらの方がいいことには私も同意する。問題なのは次のことだ。つまり「正しい」という言葉だ。「正しい」というのはどういうことかね。結局これは善とは何かという古来より続く究極の問題であり、それがここでも問われている。この「正しい」の意味合いをもっとはっきり突き詰めない限りは答えようがない。そしてその定義を厳密にするならば一生対話し続けることになるし、そしてそれでもなお恐らく答えは出ないであろう。

マ：はい。

ソ：それ故、ここでは逆に考えたいと思う。実際に我々が行使することが許されている権利をいくつか取り上げ、それが妥当かどうか、「正しい」かどうかを考察してみるとしよう。

マ：はい。

ソ：さて、まずは一番重要だと考えられる表現の自由を取り上げてみよう。一般的に見てその表現に問題があるとするのならどういった場合が考えられるかね？

マ：それはやはり誰かを中傷した場合ですかね。真っ向正面から暴言を吐いたり、紙媒体で面白おかしく揶揄したりするのは表現の自由であってもそれが「正しい」ものとは思えませんね。

ソ：確かにそうであろう。そういったあからさまな侮辱的な表現は「正しくない」。ではなぜ正しくないのか？

マ：それはその人間を傷つけるからではないでしょうか。

ソ：つまり表現において誰も傷つけないのが正しく、誰かを傷つけるのは正しくない、君はそう言いたいのかね？

マ：そうですね。それにつけ加えるならば、そこに明確な目的があったかどうかということです。その当の人間を傷つける意図があったかどうか。

ソ：では意図せずに傷つけることは許されると。例えば「働かずに自由に生きるのが人間らしい生き方だ」とするのは、働いている人が聞けば傷ついてしまう可能性がある。しかし意図しない以上許される？

マ：許されるとは思います。傷つくにしてもそこまで甚だしくはないので。少なくとも違法行為として訴訟させられるとは思えませんね。偏屈な国もあるかもしれませんが。

ソ：「〇〇大学に合格した！」というのはどうかね。これは本人に意図がなくとも〇〇大学に落ちた人間が読むと大いに傷つくのではないかね。

マ：確かにそうだとは思いますが、それにより表現の自由が侵害される度合いの方が大きいので、その権利を鑑み正しいものと思います。

ソ：まあ確かにそうだね。別の権利を考えてみよう。人は店や会社を立ち上げて商売することそれ自体は許されている。その意味で商売の自由が保障されていると見ていいね？

マ：はい。

ソ：では、何を売っても許されるのだろうか？

マ：それはないですね。ほとんどの国は何かの売買に何かの規制をかけているでしょう。

ソ：ではどういった商品を売って良く、逆にどういった商品を売っては良くないのだろうか？
そしてその理由はなんだろうか？

マ：やはり人に害をもたらすかどうかですかね。その顕著な例としては麻薬でしょうね。

ソ：しかしながら多くの商品は多かれ少なかれ買い手に害をもたらす。糖分の多い料理は人を太らせ病気に至らしめることはあるし、料理するための包丁はそれを使って他の人間を刺すこともある。ゲームは若者を虜にさせ学業等から遠ざける危険性もあるし、車も誰かを轢いたりして死に至らしめることもある。特に煙草という商品がこの矛盾を孕んでいること甚だしいと思うがね。やはり度合いの問題だろうね、売っていいものと悪いものは。麻薬は人間に対する危険性の程度が甚だしく、それを挽回するだけの利点もないからこれほど厳密に禁じられているのだろう。

マ：はい。

ソ：やはり権利の行使の「正しさ」というのは人に害をもたらすか、という観点で捉えるのが適切なように思われる。

マ：はい。

ソ：とはいえ私がここまで懐疑的な姿勢を見せているのは、私は人に迷惑をかけないのを正しい、あるいは善とするのを常々疑問に思っているからだ。我々が何かをする限り誰かしら他人に何かしら迷惑、というより不愉快にさせるのは避けられないからだ。正論めいたことを言えばそれで不快を覚える人がいるのは世の常だし、大学受験で合格することは見たこともない誰かを蹴落とすことでその人間を不愉快にする。合格した当人が望もうと、望まずともだ。商売で売り上げが上がれば、その分他の会社の売り上げが下がる。それも迷惑行為であると言えばそうだ。何かしら行えば結局誰かを不愉快にする。そしてそれが是認されるかどうかの基準は何かと聞かれれば、それが真っ当な行為かそうではないか、ということになるだろうが、結局のところでは真っ当な行為とそうでない行為を分ける基準は何かということになる。悪意があったか善意であったかどうか、ということになるが善意だったら何をしてもいいのか、ということになる。

マ：確かにそうなります。

ソ：そもそも元々法律はなんのために公布されているのか？

マ：それは社会の秩序を保つためかと思います。

ソ：そうだ。では権利とはどうだろうか？　それは法律同様に、社会の秩序を保つためのものだろうか？

マ：私はそうは思わないですね。何せ権利というのは法律に定められていないものも多いですから。先ほど述べたように権利はどちらかと言えば法律で禁止されていない行為と捉えた方が正確で、そういったわけで必ずしも社会秩序を守るように行使するべきかと聞かれれば首肯しかねますね。いっそのこと秩序を破壊するような権利も許されるべきかと思います。秩序を守りすぎると何も変化が起きず、こう言うと変ですが退屈にもなると思いますからね。生命への危害がなく、単に他人を不愉快にするぐらいだったら権利を行使して社会の秩序を乱すのがある程度許された方が社会の新陳代謝をもたらしますし、世の中を変えていけるでしょう。

ソ：基本的に人というのは楽をするように生き、必要性や死活問題がなければ動かなくなり、生物的にはともかく人間的には死人になることが多いからね。特に老いていけばいくほどね。そういった鈍った魂を活性化させるにあたって秩序を掻き乱すのも一定は望ましいということだ。

マ：はい。

ソ：最後に、少し論点はずれるが述べておきたいことがある。

マ：それはなんでしょう？

ソ：どういう権利が正しくて、どういう権利が正しくないのか、その厳密な答えは出ていない。しかし仮にその答えが出たとして、こうこの権利が正しくないからやるべきでないとしよう。例えば家の外に出て包丁や銃で通りがかりの人を無差別に殺していくのは正しいとは思えない行動だよね？

マ：はい、そうです。

ソ：しかしながら、仮にそのような無差別殺人をするにあたって殺人を犯す本人が何一つ傷を負わず、絶対に罰せられない場合はどうだろうか？　結局やるだろうね、例え多くの人間がそれは正しくない、としたところで。

マ：そうですね。

ソ：その権利が正しくない、とか倫理に反するとかしたところで無意味さ、少なくともそれだけではね。最終的にはその正しくない権利を行うことへの対抗措置が必要なのだ。つまり上の無差別殺人の例だと刑罰とかね。人は他人の金とかを基本は盗まない。それは一見すると道徳だが、そもそも法律で禁じられているからという側面が大きい。法律で禁じられているから道徳と思い、そしてそれを守るのが正しいと思うようになる。究極的には窃盗とかも起きないのも刑罰という対抗措置があるからだ。あるいは盗む必要がないほどには金を持っているから、としてもいいが。

マ：そうですね。ではどの権利が正しいかを定義するのは無意味ということでしょうか？

ソ：いや、そうではない。ただ正しくないのを今後させないために法律の規定を筆頭に対抗措置を築かないといけないというわけさ。つけ加えるならここでいう「正しい」というのは、結局は「都合」だというのがわかるだろう。他人のものを盗むのはよくないとするのも自分のものを盗んでただでせしめようとするのは自分にとって不利益であり、不公平であるという具合にね。もちろんその主張は至極真っ当だがね。そして多くの人間に不都合をもたらすのを正しくない権利とし、「立法へと持っていかれる」というのが社会史と言えるだろう。

権利を守ることは、利益を守ることであるか？
Défendre ses droits, est-ce défendre ses intérêts ?

（二〇一七、哲学）

ソクラテス：とりあえず自分が行使できる権利を全て「正しい」ものとして、ではその権利を守るつまり今後も行使し続けられるようにするのは、利益となることだろうか。

マテーシス：この場合の利益とは、単に金銭とかそういったことに限定されず自分にとって都合よく生きることができ、いわば「快」を抱き続けられるかということを表しますね。

ソ：そうだね。

マ：これに関して私は一概にその通りと言うことはできないですね。

ソ：どうしてかね。

マ：権利そのものは正しくとも、その権利の行使の仕方が正しいとは限りません。適切でないと言った方が正しいですね。例えば、法律が規定した年齢に達して運転免許証を持っていれば人は誰でも車に乗って運転する権利を持っているわけですよね？

ソ：そうだね。

マ：しかしながら、運転そのものが適切でない場合、事故を起こし身を破滅させることにもなり得ます。故に車を運転する権利自体は正しくとも、それが絶対的に有益なものとは限らないです。こういった例は他にもいくらでもあるかと思います。

ソ：その通りだ。特に表現の自由がそうであろう。著しい中傷を除き、あらかたの表現は許されていたとしても、社会生活を送るにおいてその自由が著しい制限を被っているのは誰しも気づくことだろう。親しい人間はともかく、親しくない人間だったらそれこそ本音を話すことはほとんど無理かと思うがね。なのに、表現の自由を行使して言いたい放題だったら、それはまあ相手にされなかったり手痛いしっぺ返しを食らったりするだろうね。その言いたい放題の内容が真っ当な理に適っていたりするのならともかく、エゴ丸出しの我儘とかだったら誰からも相手にされないだろう。我儘を言うのも表現の自由の一つだからね。

マ：はい。

ソ：とはいえ、これはあくまで権利の行使の仕方が問題なのであって、その権利そのものを放棄することとは別の話だがね。不適切な運転は自分に害をもたらすが、かといって運転の権利そのものを放棄することが利益になるとは限らないからね、運転や表現が不適切ならそれを適切なものに修正すればいいだけだとも思うがね。

マ：確かにそうですね。運転の権利を放棄する方が適切だというとどういう場合があるでしょう。例えば、視力の弱い老人や病を抱えている人間が運転すると、譬えそれが適切な運転の仕方であっても、事故を起こし自他ともに不利益をもたらす可能性が高いので、権利を放棄した方がいいかもしれませんね。また社会的に地位が高い人間は、必然的に表現の自由の制約を被りますね。

ソ：「個人を騙さない聖人はいるが、集団を騙さない聖人はいない」と言われているからね。そういった社会的な責任が大きい立場に立っている人間が何か多少なりとも毒のあることを言えばどこかからか反対とかの声が沸き起こるから、基本的に当たり障りのない万人受けしそうなことしか言わなくなる。ある意味表現の自由を放棄している状態にあると言えるだろう。完全じゃなくともね。そしてそれによって自分の立場を守っていると言うわけだ。

マ：このことを普遍的に捉えると、「権利を行使することによって不利益を被るような事態なら権利を放棄した方が利益を守ることにつながる」ということになりますね。

ソ：そうだね。とはいえあくまで権利を行使しない、と、権利を放棄する、では意味合いが結構違うがね。

マ：つまり一時的か、永久的か、ということですね。

ソ：そうだ。この権利とは、法律云々よりも医学的な側面で考察してみるとわかりやすいかもしれない。つまり病気にかかれば必然的にその人間の今までの行動に制限がかかる。例えば、タバコの好きな人間が肺炎にかかればタバコを吸うことができなくなる。

マ：はい。それはつまりタバコを吸うという権利が行使できなくなるというわけですね。

ソ：そうだ。そしてそれは残りの生涯そうなのか、あくまで一時的なのかはその病気次第とし
か言えない。

マ：なるほど。

ソ：とはいえ、総合的に見れば権利を守ることは利益を守ることにつながる。ただしその権利が法律上に基づいた権利ならば、という注釈がつくがね。あるいは自分のその権利が侵害されることが法律上の違法行為故にならば、と言った方が正しいか。

マ：それはなぜでしょうか。

ソ：つまり自分の権利が違法的に侵害されたのならば、国の助けを借りることできるからだ。とりあえず分かりやすい例を挙げるとするなら、会社から解雇される事態について考えよう。A国では会社が正当な理由なくして従業員を解雇するのを違法行為とし、一方B国では解雇するのはそれがどれほど恣意的でも何ら違法行為ではないとする。さて、二つの国で従業員が解雇された場合、具体的にどのような違いがあるかね？

マ：つまり司法機関に訴訟ができるかどうかということですね。A国では訴えて解雇が不当なら国の助けを借りることができますが、B国だと助けることができない。

ソ：そういうことだ。今回の場合は違うが、警察の助けだって借りることができる。自分の家に侵入してきた場合とかね。

マ：確かにそうですね。国の助けを借りられるというのは、相手はごまかしが効かなくなりますからね。

ソ：逆に例えば、会社内の問題に焦点を当てるとしよう。人事とかで不当な理由で左遷された場合、譬えそれが不当ではあるが不法ではなかったとするなら、左遷される従業員はどうすることもできない。人事に訴えるなり、辞めるなり、人脈を使って云々とかはできるが、法律に訴えて国の助けを借りることはできないことになる。

マ：確かにそうですね。つまり、法律に基づく権利というのは自分の武器とも捉えられますね。

ソ：そうだ。権利、自由とも言い換えられるかもしれないが、それが法律に基づくものと基づかないものがある。おそらく優れた人間ほどこの辺の感度が鋭いのだろう。

マ：やはり権利を守ることは利益を守るということになるのですね。

ソ：先ほどの病気の例にもあるように、逆に不利益を被ることはある。とはいえ、権利を守ることが利益になるかならないか、の二者択一であるならば、やはり利益になる方を私は選択するね。

マ：問いからは脱線しますが、逆に権利を獲得することはできるのでしょうか。

ソ：その権利というのが法律に基づくか基づかないかにもよるが可能ではあるね。基づかない場合、単純な話金を持っていなければ買えなかったものも、金を獲得することによりその商品を購入する権利を得られることになる。また法律に基づくものも数は少ないだろうがあるだろう。法人化云々とか、政治家とかね。まあその規定は国によって異なるだろうがね。

マ：それは利益になることでしょうか。

ソ：各々の権利次第としか言えないね。まあなることもあるし、なると思っているから人はその権利を得ようとするのだろう。しかし法人化の権利を得ることは法人という立場に縛られ、政治家の権利を得ることは政治家の立場に縛られるからね。一概にはなんとも言えないね。結局は扱い方であろう。「過ぎたるは及ばざるが如し」と言うしね。

義務を認識することは、自由を諦めることであるか？

Reconnaître ses devoirs, est-ce renoncer à sa liberté ?

（二〇一九、哲学）

ソクラテス：「義務」とは何か、ということの定義が当然ながら出てくる。しかしそれは前にしたので、むしろここでは切り口を変えて「義務」というのはまずどのようにして生まれ、人はどのようにしてそれに従事していくのかについて考えてみるとしよう。普遍的なものでなく、具体的な「義務」について取り上げ、そこから考察していくとしよう。まずどのような「義務」が世の中にあるのか。簡単なものでいい。

マテーシス：パッと思い浮かぶのは、何かを購入する場合、指定された金額で払わなければならない、とかですかね。

ソ：それはなぜ「義務」になっているのかね。

マ：ただで貰っていったら商売上がったりですからね。万引きとかすればそれは不公平でもありますし、また指定された価格を払わなくてもいいなら、売る側に収益がなくなり商売ということ自体ができなくなってしまいます。そして最終的には売る側と買う側、双方とも困るようになるでしょう。

ソ：ふむ。ではそのような義務はどのようにして生まれたのかね？

マ：まあ、公平というか適正というか、一種の社会秩序の維持のために生まれたのでしょうね。

ソ：では他にどのような義務があるかね？

マ：税金を払う義務ですかね。税金を納めることにより国家予算が増大し、それがやはり社会秩序の維持ならびに発展に貢献することになります。逆に税金を誰も払うことがなくなったら、国家の予算が計上できなくなり、秩序が維持できなくなる可能性が高いです。まあ、税金は払うものではなく払わされるものですがね。

ソ：ではそれら二つは自由を諦めているものかね。

マ：「自由」を「その人が何をしてもいい」というのなら諦めていると言えるでしょう。商品に指定された金額を払わなければならないのなら、商品をただでもらっていくという自由がなくなり、金銭の支払いが強制されます。また、税金の義務があるのは稼いだ金を貯蓄に回すという自由がなくなります。

ソ：その通りだね。しかしそれらの義務の認識と自由の諦めは、決して自発的なものではないね。むしろ社会から強制されているものであるね。

マ：そうですね。ですから認識しようと思ってするものではないですね。子供が商品を初めて買う際、ただでもらえると思っていたのが支払わないと店員から怒られるので、それによって「義務」を認識したと考えるのが正しいでしょう。

ソ：ならば「義務」とは決して自分で考えたり本を読んだりして見出す代物ではなく、あくまで望むと望まざるとに拘らず社会の要請により行うものだね。

マ：そうですね。「義務」というと、「人間はなんのために生きるのか」とか「人間が為すべきことは何か」とか「人間の正しい行いとは何か」とか崇高な理念っぽく考える人もいますが、どちらかというと自然発生的なものですね。つまり無理して見出すような代物ではないということですね。「○○することは義務か否か」という問答もありますが、するべきか否かで迷っている時点で義務ではないと考える方が正しいかもしれません。

ソ：義務というのは自然発生的なものというわけだ。まあ冷静に考えて、義務というのは強制的にやるという側面が大きく、自分で自分を強制させるのを無理矢理見出すというのも変な話だね。

マ：そうですね。

ソ：しかしこう考えてみると、法律において定められていることは全部義務になってしまうね。強制されているわけだから。

マ：そうですね。

ソ：しかしそれは必ずしも自由を諦めさせる、というより放棄させることにはならないと私は考えている。

マ：それは一体なぜでしょう。

ソ：例えば先ほどちょうど述べたように、代金を支払うことを強制させることは商売の自由を守るということにもなる。あるいは他人を任意に暴行したり、ましてや殺人するのを許したら、今度は人は家の外に出ることが出なくなり、自由が大幅に制限されてしまう。それ故、自由を守るために自由を制限する必要があるわけだ。

マ：確かにそうですね。自由が制限されることにより秩序を保たれるわけですね。そして制限されているその自由が「義務」ということになりますね。

ソ：そうだね。これは何も社会に限らないのかもね。自分個人の生活で「自由」を得ようと思ったら、多くの自由を制限に課さなければならない。放蕩生活を送り、金を蕩尽するようなことがなくなれば、自由な生活ができなくなる。だから金を使う「自由」を常日頃から制限させる必要がある。健康も似たようなものであろう。表現の自由に関しても、無神経だったり暴言を吐けば思わぬしっぺ返しを被ることもあるだろう。そしてこれらの気遣いも「義務」の一種と言えるかもね。

マ：だとするなら義務と自由は全く別の要素ではなく、むしろ表裏一体、もしかすると同じものかもしれませんね。自由を守るために義務を課すというわけですから。

ソ：「自由とは山嶺の空気に似ている。どちらも弱い者には耐えられない」という言葉がある。これは社会的な観点ではなく、個人の観点から述べたものだが、仮に金銭的に裕福で、好き放題暮らすことができる、「自由」な生活を送る場合、そこには何かしら「義務」めいたものが必要なのだ。その「義務」というのは決して社会から強制されるものではない。ただ、会社や学校では一定の決まりがあり毎日運営されていくように、誰の支配下に置かれなくとも自分の生活には一定の決まりがなければならない。これは「なんのために自分が生きるか」というように無理矢理見出すものではなく、どちらかというと自然発生的なものであると考えている。先ほどの金銭や健康云々もそうだが、生活に一定の規則がないと精神は次第に堕落していくからだ。精神が障害を乗り越えることがなくなれば、精神は自分でも気づかないうちに弱くなっていき、半ば幼児へと逆行してしまうこともある。実際に自由に暮らしている人間、といっても単に働いていない人間だが、を見てある程度の数が生気のないような顔をしていた。これなら金銭の獲得とかに齷齪し忙し回っていた方がまだましと思わせるくらいだ。だから、個人の観点からも本当に「自由」な暮らしをしたいのなら、何かしら障害を乗り越えやり遂げる「義務」を課す必要があると思うね。そしてこの課す「義務」はなんというか無理矢理課すというのではなく、社会的な「義務」と同様に、自然発生的、この場合は本能的なものと言った方が適切だろう。

マ：なるほど。個人にしろ社会にしろ、結局「義務」というのはある種空気のような存在ですね。人は空気を吸っているけど吸っている自覚がない。義務も認識しようと思ってするものではなく、その義務を行っているという自覚があまりない。税金を支払うことは怪しいですがね。

ソ：どのような人間にも何かしらの規則が必要なのかもしれない。体内器官は一定の規則で動くし、動物や微生物も一定の規則で行動する。もしかすると「義務」というのは生物が誕生してから心髄や血髄の奥底にすでに埋め込まれているのかもしれない。

平和を求めることは、正義を求めることか？

Vouloir la paix, est-ce vouloir la justice ?

（二〇二三年、一般）

ソクラテス：平和を求めることは正義を求めることか、それは言い換えるのならば平和とは正義と同じ意味か、ということになる。

マテーシス：そうなりますね。

ソ：そしてこのような質問に答えるには結局のところ、正義とは具体的にどのような定義であるのか、そして正義に比べればまだ簡単だと思うが、平和とは具体的にどのような定義であるのかを考えなければならない。

マ：はい。

ソ：まずは簡単だと思われる「平和」について考察してみるとしよう。マテーシス、君は平和というのは具体的にどのような意味だと思うかね。

マ：そうですね、一般的な文脈で用いられていることを鑑みれば、戦争、つまり国家間同士の争いがない状態でしょうか。

ソ：戦争、それはつまり国家が武器を交え、兵士を投入して死者も出しながら、勝つことができれば相手国の領土を奪うような意味で用いられるわけだね？

マ：はい、そうです。

ソ：そしてそのような武力的な争いが生じていないのが平和ということになる。

マ：そういうことになります。

ソ：君の言う通り、一般的に用いられている「平和」という言葉はそのような意味合いとして使われている。だが争いを武力闘争に限定せず、そして争いを国家間同士によるものとして限定しない場合はどうなるか、ということも考え得る。すなわち「争い」といってもその形は実に様々であり、何も武力闘争だけとは限らない。武力闘争以外の「争い」というのも国家間にあるのだが、そのような争いはあるが武力闘争だけがない場合も「平和」と呼んでいいものかという問題が考えられる。

マ：武力闘争以外の争い……。例えば商業としての争いや、インターネットをハックするといったサイバー的な争いといったものも含まれるということですか？

ソ：そうだ、だがこれについて考えると話が長くなってしまうので、とりあえず「平和を求めることは正義を求めることか」における「平和」は武力闘争だけに限定するとしよう。さてもっとややこしいものに取り組むとしよう。「正義」だ。この「正義」という実に厄介な言葉、君はどう定義づけるかね？

マ：正義……。確かにこれについては非常に厄介ですね。哲学するにあたって格好な素材であることは間違いないでしょうね。とりあえず、「正義」という字を読むのなら、「正しい」ことと？ つまり「正義」とは「正しい」ということですか？

ソ：そんな戯れをしてしまうなんて、君はどうかしてしまったのかね？それは単なる言葉の反復横跳びじゃないか。「貧乏人は金を持っていない」とか「痩せている人間は細い」とかそんな無意味な跳躍をしているに過ぎない。「正義」は「正しい」となるのならば、今度は「正しい」とはどういう状態を指すのか、ということになる。

マ：正しいとはどういうことか……。幸福になれる、ということでしょうか。

ソ：なるほど、正義は正しい、よりは前進したね。だが、「幸福になる」というのも結構人によって差異があると思うがね。どのような営みによって幸福になるかは人それぞれであり、またある者にとって幸福になることは他人にとって不幸をもたらすものかもしれない。

マ：例えばどのようなことでしょうか？

ソ：例えば二人の人間αとβがレスリングの競技で闘っているとしよう。その両名にとってその競技で勝つことが各々幸福になれる。仮にαがβに勝ったならαは幸福になるだろう、だが当然βは不幸になる。逆にβがαに勝ったのならβは幸福になるだろうが、αは不幸になっていくだろう。どちらか片方の幸福を犠牲にすることにより、もう片方が幸福を得るというわけだ。

マ：なるほど、そして確かに大人になるとそのようなそのような残酷な戦いが繰り広げられるようになりますね。しかもソクラテスが挙げたようなわかりやすい戦いではなく、もっと間接的なものだったり、表面上は綺麗だけど中身は結構醜いような争いがありますね。

ソ：だが「幸福になる」というのは「正義」の意味と個人的にはだいぶ合っている気もする。しかし「正義」の場合個人の幸福よりも、他人、集団の幸福や繁栄を意識したことの方が多い。良心をしっかり持った裁判官ならば、「法律上の正義」に基づいて判決を下す。この場合裁判官自身の幸福は関係のないもので、法律にしっかりと則り争っている者同士に適切な判決を下す。つまり正しい側にとって幸福をもたらすようなそういう考え方で判決を下すことになる。

マ：はい。

ソ：「平和を求めることは、正義を求めることか」という問いは、「平和」が国家的な観点のものだから、この「正義」も国家的な観点のものだと看做していいだろう。このことを捉えれば「平和を求めることは、国家に幸福をもたらすか」という問いに置き換えてもいいかもしれない。

マ：それだと「幸福をもたらす」と言えるのではないでしょうか？

ソ：どうしてかね？

マ：平和ではない、つまり戦争が行われるのならば、国家は破壊されてしまうわけでしょう。それよりは平和である方が、まだ国家が破壊されないわけですからね。

ソ：まあ確かにそれはそうだ。だが戦争によって自国が勝つことがあれば、相手国の何かしらの資源を奪えるわけだから、自国が幸福になることもできる。これはちょうど先ほどのαとβのレスリング試合と同じことが言えるわけだ。

マ：う、うん……。確かにそうなりますね。

ソ：そこまでの被害を出さずに国が戦争で勝つならば、その国にとっての「正義」となってしまうわけだ。だが勝つことがあるにしても、自国に多大な犠牲が出るようになった場合、それどころか自国が滅びる可能性がある場合、戦争より平和を求めることが正義となるのではないかね？

マ：確かにそうなります。

ソ：結局のところ、この問いもまた比較衡量であり、等価交換であるのだ。平和を求めることは正義を求めるのかを意味するかどうかは、戦争した時と、平和の時、つまり戦争をしない時の二つの事態を天秤にかけてそれぞれ想定されるケースはどうなるのかにかかっているということさ。これは最初の問いの答えだろう。

マ：確かに。

ソ：だがこの問いから少し外れることになるが、争いそのものはなくなることはない。直接的な武力衝突はなくとも、経済活動によって常に国同士は争っているものと言えるだろう。特定の国が大きな利益を生み出したならば、それは別の国に何かしらの経済的な損害がもたらされることになる。それは武力闘争のようなあからさまな破壊をもたらすわけではないが、ゆっくりと間接的に、だが表面上は綺麗に相手国を追い詰めていく。個人間でもそうだ。人生という競技で勝てない人間、それはやはり専ら経済活動だが、それで勝てない人間は生活や尊厳が徐々に追い詰められていく。直接暴力を振るわれることはないが、精神的に損害を負うようになっていく。同じことが国家間においても言える。この文明的な戦争は形は変われども今後無くなっていくことはなく、永久に続いていくだろう。誰もが本当に争いと無縁な平和はユートピアに過ぎない。

幸福になるためなら何でもしなければならないか？／我々は幸福になるために生きているのだろうか？

Doit-on tout faire pour être heureux ?／Vivons-nous pour être heureux ?

（二〇一四、哲学）／（二〇一四、哲学）

ソクラテス：幸福、というのは哲学においての最大の関心事の一つであるのは疑いのないことだ。どうすれば幸福になれるのか、を説く哲学は古典のものを含めて多いし、哲学という体裁は取らずとも、幸福になることを説いた本や言葉も多い。それの浅い深いは別としてね。さてここで改めて問いたい。幸福というのはどうすればなれるのか、そしてならなければならないものなのか、そしてなるにあたってなんでもしなければならないのか。

マテーシス：幸福は一種の最高善として捉えられていることが多いと思います。

ソ：しかしながら世界と人間を観察するにあたって、果たして本当にそうなのか、とも思い始めた。子供と三十前後の人間と、六十あたりの老人を比較してみるといい。個人差こそあるものの、基本的に幸福なのは子供ではないかね？もちろん子供には子供なりの苦悩があるかもしれないがね。

マ：それはその通りだと思います。

ソ：そして大人になっていくにつれ、その幸福度も減っていく。ではなぜだろうか？色々と原因は推察できるが、賢くなっていくからだと思うがね。よくも悪くも。素直だった子供も世を渡っていくにあたって演技を覚えるようになり、他人と比較するようになる。はしゃぐこともなくなり、生活に追われるようになる。言ってしまえば、子供時代よりは賢くなったからだ。これの裏付けとして、同じ年齢の人でも賢明さや精神性の浅い人と深い人を見比べてみるといい。単純な幸福として捉えるのならそれらが浅い人が幸福な状態にあると言えるのではないかね。ソフォクレスも「無意識に漫然と生きるのが一番楽しい」と言っているし、別の人は「最も幸せな者は誰よりも単純な人間である」ともいうし別の人は「その人間がどれほど苦悩するかが位階秩序を決定する」とも述べている。賢くなったりすることによってなぜどこか不幸になるのか、と聞かれればまずそれだけ多くのことを知るようになるだろう。多くのことを知れば多くの悪を知るようになる。そして賢明になれば事の本質をそれだけ射抜くことができるようになるから、射抜いた先が醜いものだったり悪だったりするなら、それだけそれが生々しく感じられるだろう。普通の人間ならなんでもない事態にも、賢明な人間はその悪を見抜き苦悩する。だから単純に言えば知性が高い人間は幸福を享受するにあたって不利なわけである。「汝の頭に月桂樹を被れば、それは不幸の印」とも言われる。

とはいえ、ここからが特に私が述べたいことだが、これは必ずしもその賢明な人間にとって本当の意味で不幸だとは思わないのだ。知性の優れた人間は多くの悪を平均かそれ以下の人間より多く見抜いたり察知したりするが故に苦しむが、その一方それにより悪をそれらの人よりも避けることができるという点である。精神的にしろ肉体的にしろ、生物的な本能によっていかなる賢い人も避けようとする。だから賢い人間は罠を避けたりすることはできるというわけだ。これはもっというなら悲観主義と楽観主義の違いとも言える。例えばある大きな道路を二人の人間が歩くとしよう。そしてその道路には罠がいくつか仕掛けられている。片方の人間はそのことを知っておらず、もう片方の人間は知っているとする。とするのならば、前者は楽観主義者であり後者は悲観主義者と言えるだろう。そして前者は罠のことなど意識にのぼらないので苦悩することなくいつも通りその道を歩いていくことができる。一方悲観主義者の方は罠を知っているが故に不安になり、恐れたり、そして不幸な思いをするだろう。だがそれゆえに慎重に歩いたりすることになるわけだ。その分だけ罠を回避できる確率は上がると言える。前者は幸福だが後になって苦痛を感じる可能性が高くなり、後者は不幸だがその分後々の不幸を回避しやすくなる。道路における罠というのは極端に聞こえるかもしれないが、社会に出れば色々な罠が色々な形で張り巡らされている。「悲観主義者」ほどそれに敏感になる。また何か新しいことを行う際に「悲観主義者」ほど不安になるが、それもまた失敗しないための大きな条件と言えるだろう。「こうなったらどうしよう、ああなったらどうしよう」というのはつまり予め失敗の事態を想定している。ならばそれを実行するにあたってそれを避けようとしていくことになるだろう。

マ：なるほど。つまり「悲観主義者」の方が物事を成功しやすくなるということですね。しかしながら成功すれば幸福になるわけだから、その「悲観主義者」は幸福になるのではないでしょうか。

ソ：それは難しいね。形はどうあれ成功すればその時は「悲観主義者」といえども、幸福になるだろう。だが君は知っての通り人は変わらないものだ。それにその成功を失ったり、誰かに奪われたりすることに今度は「悲観」するようになるだろうね。そしてそれによってさらに成功が守られ続けられるわけだがね。

マ：なるほど。なんかプラスマイナスゼロの原理が働いているみたいですね。

ソ：そうだね。もっとマクロ的な観点から言うのならば、人類や世界そのものが成熟していくことも望ましいことではないのかもね。

マ：と、言いますと。

ソ：国が文明化すれば人々は幸福になるのか？いや、そんなことはない。文明国、先進国において自殺率が相応に高いのは有名な話だ。なぜか？それは個人が成熟するにつれどこか不幸になっていくのと同じ原理であり、国が発展していくほど人々は不幸になるのではないかと思う。なぜか？その理由はいくつか考えられるが、まずは技術の発展が挙げられる。「自動車に乗れるようになる」、「銀行に金を預けられるようになる」、「インターネットができるようになる」。それは「自動車に乗りこなせるようにならなければいけない」、「銀行に金を預けれるようにならなければいけない」、「インターネットを使いこなせるようにならなければならない」。つまり技術が発展すれば、その技術を使いこなせるようにならなければならないのだ。優れたものは使いこなせるが、劣ったものは使いこなせない。これにより格差は広がる。また自動車の使い方を誤ると事故になるし、薬の調合や摂取を誤ると毒薬になる。技術の発展が人を苦しめる。また国が文明化すれば、基本的に情報が多く入ってくる。情報が多く入ればどうなるか？情報といってもさまざまであり、嘘の情報、本当の情報、価値のある情報、価値のない情報といったものを取捨選択し、それを基に行動することが要求される。それによりまた格差が広がる。さらにそれまでは各々閉じたコミュニティにいて、他のコミュニティの実態を詳しく知らなかったが、情報化によりそれが明らかになっていく。金持ちのコミュニティ、研究者のコミュニティ、投資家のコミュニティ、作家のコミュニティ、そういった諸々のことが明らかになり、結果社会の下に属している者は羨望や嫉妬を抱くようになる。それを原動力にして努力して上の方へと行ければいいが、それはレアなケースというものだろう。ある国は貧しいながらも、というか貧しいゆえに幸福だったが、ある程度発展して、隣国の情報が入ってそこが自分たちよりもいい暮らしをしているのを知り、不幸になったと聞く。結局のところ幸福というのは望ましいものなのか？と聞かれれば、やはり私は望ましいものとは思う。子供といえども嫌な思いをするときもあるし、賢者でも別にいつも憂鬱であったりするわけではなく幸福感を感じることもあるだろう。とはいえ、そもそも両者の幸福は違うのかもしれない。子供の幸福は快楽的であり、賢者の幸福は充実的であると言えるだろう。子供は幸福に浸かるが、賢者は幸福を活用する、と言えばいいだろうか。とにかく後者が有意義な時間を過ごすのは間違いあるまい。そうなれるのなら、やはりなった方がいいのではないだろうか。

言語は道具に過ぎないのか？

Le langage n'est-il qu'un outil ?

（二〇一三、哲学）

ソクラテス：言語は道具に過ぎぬのか、ということだが、どうだろうか？

マテーシス：うーん、道具に過ぎない、というのはつまりツールということですね。それが目的ではなく、何か目的のための手段というかなんというか。

ソ：そういうことだろうね。

マ：例えば机は道具ではないですね。その机、ここでは木製の机としましょう、を作るにあたって木や金槌やその他諸々のものが必要ですが、金槌が道具ですね。木はこの場合素材とした方が言葉的には正しいですが、道具としての側面もあるといえばあると思います。そして机は道具ではないということになります。

ソ：そうだね。

マ：ということは、言語は道具に過ぎないのかという命題を仮に否定する場合、言語が目的そのものにならないといけないのですが、それのケースを考えるのが妥当かと思いますね。

ソ：そうだね。まずは整理してみるとしよう。言語は道具的な側面を大いに持っていることは否定の余地のないことだ。では道具としての言語とは具体的にどのようなものを指すのかということだが、どうかねマテーシス？

マ：まずは意思表示でしょう。自分の喜怒哀楽なり、欲望なり、なんなりそういうことを相手に伝えるための要素が道具としての要素の中でも最も大きな割合でしょう。或いは話し言葉だけでなく、何月何日の何時にどこそこで集合せよ、と大勢に呼びかけるような意味としての道具もあります。ともかく広い意味での意思を表示する、それが言語の役割でしょう。

ソ：その通りだね。当たり前すぎるがこれ以上これに関しては言うことはなさそうだ。さて、では言語は道具に過ぎぬのか、という質問だが、逆から考えよう。言語が目的であるのはありうるのか、という意味でもあるが、言語が目的となるのはいかなる場合かを考えてみるとするのがいいだろう。実際に目的となっている例を挙げるのが理想だが、目的として「あり得る」ことつまりあくまで可能性の一つとして挙げていくのもありだろう。ともかく、どう思うかね。

マ：そうですね。例えば言語学とかはどうでしょう。

ソ：ほう。なかなか面白いところをついてくるね。

マ：いえ、私も言語学というものには疎いですが、とにかく言語学というのは言語というものを研究するわけですよね？

ソ：そうだろうね。かくいう私も言語学とやらに詳しいわけではないがね。

マ：その言葉の単語とか文法とか文章とかを研究して、その言語を話す国についての事実を解明していくこととかあるんじゃないのですかね。ある単語のその構造の由来とかを調べて、その由来から新たな歴史的事実を発見するとか、そういうことってあるんじゃないのですか？

ソ：まあ確かにありうるね。具体的な例がパッと思いつかないのは残念だがね。というか仮にそうだとしても随分とピンポイントではあるね。言語学の相応の訓練を受けた人間にしかできぬことだね。

マ：まあそうですね。不適切だったでしょうか。

ソ：いや、一つの例であるのは事実だ。

マ：他に思い浮かぶものとしては言葉遊びですかね。古いですが「ふとんがふっとんだ」とかそう言った駄洒落や言葉遊びは、言語は道具ではなく目的であると思います。

ソ：確かにそうだね。だがそう言った言葉遊びもレベルが高いにしろ幼稚にしろ、しょっちゅうやるものでもあるまい。まあそれもやはり例として正しいのは事実だがね。

マ：それの延長として言葉表現、或いは文章表現はどうでしょう。例えばそうですね、「明日私は会社に行きます」と「明日また俺、会社に行かんとなぁ」じゃ意思は一緒でも、言葉が違って意味合いが違うというか。

ソ：しかし内容は一緒でも、そのニュアンスというのもまた一種の意思表示ではないかね。つまり字義の内容は一緒でも、そこに込められている感情は違うのは確かだね。だからその場合もやはりどちらも言語はあくまで道具でしかないのではないかね。

マ：まあ、やはりそうなってしまいますか。

ソ：しかしながらその着眼点は悪くないとは思うのだがね。そうだね、文学とかはどうだろうか。

マ：確かに文学とかああいう物語を描くのは文章表現とかがあるので、言葉は単に道具ではない気もします。とはいえ物語そのものを伝えるための道具であるのも事実ですがね。

ソ：そうだね、少し実験してみるとしよう。じゃあ次の部分を二通りに表現してみるとしよう。「朝、お婆さんは洗濯物を洗いに家の近くにある川にいつものように行きました。そしてその川で洗濯物を洗っていたのですが、川から大きな桃が流れてくるのが見えました。お婆さんは驚きながらもそれを取って、家へと運びました。そして大きな桃を切ってみると、びっくりそこには逞しい赤ちゃんがいました」そしてもう一つ。「曙の光を指す日の出とともに、老婆は汚れが蓄積した衣装のその汚れを濯ぐために、近隣にある水流へと日々の日課として足を運んだ。濯いでいる時、老婆はふと上流から得体の知れぬ桃が運ばれて来るのを見てとり、その現象に驚愕しつつも己が家へとその桃を運搬していった。その著しい桃を切断すると、仰天しつつも恰幅の良い乳児を発見した」。さてこの二つは比較してみてどうかね。

マ：どちらも伝えようとする物語それ自体は全く一緒なのですが、文章表現はあからさまに違いますね。当然前者はわかりやすく書いているのに対し、後者はどこか文学的な感じがしますね。

ソ：前者の方がわかりやすいなら後者ではなく前者を使わない理由がないね。

マ：そうですね。

ソ：だが人によっては後者の方が読み応えがあるとかで好む者もいるだろう。文学好きな者はこの文章に限らず、やはりわかりやすい文章よりも、多少文章を凝らしたような、そういう文を好む傾向にあると言えるね。では上の二つは果たして使い分ける意味、というか意義はあるのか。言葉が道具に過ぎぬか、そうではなく目的があるのか、その答えを導き出すための鍵はここにあると言えるだろう。

マ：そうですね。そもそもこれは物語ですが、こういう文章表現の違いはやはりあると思います。まあ全く同じ内容、全く同じニュアンス、全く同じ意思表示でも、それが幼稚な喋り方であったり、或いは知性を感じさせる喋り方であったりします。そして確かに両方とも道具に過ぎぬのは事実ですが、後者の知性の高い人間は、わざわざ幼稚な喋り方はしないでしょう。特別な意図がある限りは。もし単に言葉、というより文章を道具として捉えているのなら、別にどっちの喋り方、言葉の選び方でもいいわけです。

ソ：ふむ。とするなら、言葉には「精神」が宿る、とも解釈できるのではないかね。

マ：確かにそうかもしれませんね。繰り返しますが、同じ意思表示でも、使う言葉が違うのですが、そこには異なった「精神」が込められていると言えるのではないでしょうか。いや、それはおろか、文章が一字一句でも口調や抑揚等でその「精神」は違うでしょう。気の強い人間、弱い人間、兵士、研究者、頭脳の良し悪し、サラリーマン、経営者、金持ち、貧乏人、こういった人は同じ単語の文章でも違った「精神」で言うのではないでしょうか。そしてそれぞれの分類にもやはりたくさんの人がいてそれぞれ「精神」が違うのでしょう。ある類稀なる言語学者は、発音でその人間の住んでいる地域どころか住所すらある程度特定すると聞きますし。

ソ：そういえばある国の言語を話すと陽気に気分になるが、別の国の言語で同じ内容を話すと大人しい気分になる、という研究データもどこかにあったね。「御国訛りは言葉遣いだけでなく、精神にも表れる」とは言ったものだ。しかしそれはさておき、それは副作用的なものに過ぎないのではないかね。その内容にいかなる「精神」が込められていようと、結局はその「精神」を伝達するための「道具」に過ぎぬのではないかね。

マ：確かにそうですね……。結局はそこに行き着くのですかね。

ソ：しかしそもそも「道具」とはどうなのだろうか。最初に机の例を挙げた。金槌という「道具」を使い机という目的を作る。だが机もまた物を置いたりする「道具」に過ぎぬのではないかね。

マ：そうですね。

ソ：机の上に例えばコップを置くとしよう。そうならば机はコップを置くための「道具」ということになる。だがそもそもコップは例えば牛乳を注ぐための「道具」である。ではその牛乳は？牛乳は飲んで喉の乾きを癒したりするための「道具」ではないかね？言葉上は違和感はあるだろうが、理論上は間違ってはいまい。

マ：確かに。

ソ：そして喉もまた人間の身体の一部であり、何かを飲んだり言葉を発するための「道具」としても理論上は間違ってはいないのではないかね。

マ：間違ってはいないと思います。

ソ：とするのならば、だよ、マテーシス、人間それ自体もまた「道具」になることも十分にありうるのではないのかね。むしろ、現実を見ればそれは十分に実証されているのではないかね。

マ：例えばどのようにですか。

ソ：そうだね、例えば……いや、言うのはやめておこう、また別の問題になり、物騒でもあるからね。

科学とは事実を証明するためだけのものか？

La science se limite-t-elle à constater les faits ?

（二〇一三、哲学）

ソクラテス：科学とは事実を証明するだけのものか？これは哲学にも当てはまるのではないかね。哲学とはいわば真理を探究する物だが、結局のところそれは事実なのだ。例えば最高善とは何か、時間や空間とは何かとかそういったものも「事実」なのではないかね。哲学と言ってもピンからキリまであって、規模が大きいものから重箱の隅を突くような細かい部分とか色々あるが、結局は「事実」の探求なのではないかね。

マテーシス：その通りではありますが、哲学とかでは、教訓というか規範的なものもあるのではないでしょうか。有名なあの「すべき」命法をはじめとしたどのように公共の場で振る舞うのか、人はどう生きるべきなのか、とか。それは事実ではなく、どこか理想がありますね。

ソ：ということは、科学にはその理想というのがあるかどうか、それを考えるのがこの問題の鍵となるわけだね。

マ：しかし科学で理想とはなんでしょうか。例えば引力とかが科学で最たるものですが、その引力の理想というのはあるのでしょうか。なんか変な話ですが。

ソ：引力のイデアとかいうやつかね。

マ：まあそれもありますね。他にも科学といって具体的に思い浮かぶのは、例えば地球は丸く太陽を公転するとか、振り子の周期の公式である $T = 2\Pi\sqrt{l/g}$（T＝時間、l＝長さ、g＝重力加速度）とか、炭酸水素ナトリウムの化学反応式である $NaOH + CO_2 \rightarrow NaHCO_3$ とか、こういった文章とか数字とか記号とか形は様々であれそれらは事実を示しているわけですが、それらにイデアなり教訓なり、理想なりとかあるのですかね。いえ、それは確かに例えば炭酸水素ナトリウムを使ってどういった商品を作っていくべきか、とかそういった道徳的な規範らしきものはありますよ。でもそれは明らかに科学の取扱う分野ではないじゃないですか。まさか上の化学反応式そのものにイデアがあるとでもいうのですか？

ソ：確かにそれを想像するのは難しいね。

マ：強いていえば科学哲学というジャンルも科学が包括すればギリギリそういったものを許容できるかもしれませんがね。

ソ：だがひとまず科学と哲学を分けるとしよう。話がかなり錯綜している。ここでは何よりの原点に戻って、そもそも科学とは何かについて考察してみてはどうだろうか。

マ：そうですね、それがいいかと思います。

ソ：まず科学とは自然を取り扱っていることは間違いないね。少なくとも、自然ね。例えば、近くに流れている川の水の種類は何か、そこで泳いでいる魚の生態様式、水の流れる速さ、そういったものが科学であるのは間違いのないことだ。

マ：はい。

ソ：或いは近くの公園で生えている木は、それはどのような種類なのか、どうしてそのような種類がその公園に生えているのか、年齢はどれほどなのか、どのようにしてその木は生きているのか、そういったこともまた科学であるね。

マ：はい。

ソ：とりあえず自然を取扱うのを科学と見て間違いない。とりあえずこの自然だけを取り扱っているのを科学としよう。その場合、自然には事実以外のものはありうるのか、ということだ。これらの自然は人が基本関知しないものである。無論、人が餌をやったり森林を伐採したり植えたりしているので関知はしているが、そもそも人間が生まれる前から自然があったものとされるのが定説だ。森林も河川も人がいなくとも存在しうる物なのだ。そのことを前提とする場合、果たして「事実」以外はありうるのか、ということになる。雨を考えてみよう。そしてその雨に纏わる「事実」以外のものをひとまず考えてみるとしよう。それはあるのか？例えば理想的な雨とか、どういう雨が降るべきか、とは基本的に人間が考えることではないかね。今段階では人間と雨を含む自然は別の要素だということに注意してくれたまえ。

マ：そうですね。雨の理想とか、降った雨をどう活用すべきかは人間から派生するのは明らかです。

ソ：故にこの場合は、科学が自然だけに限定されている場合は、そもそも事実の証明しかできないことになる。

マ：仰る通りかと思います。

ソ：そういったわけで事実以外を果たして科学が証明するか、を考察する場合、人間が絡む必要がある。考察者以外の人間としてね。つまり科学というのは人間を対象とするかどうか、ということだ。

マ：対象とするものだと思いますね。現に人間の心臓とか肝臓を取り扱っているものもあるのですから。

ソ：そうだね。

マ：しかし肝臓や心臓以上に、人間そのものを取り扱ったものもあります。社会学とかでしょう。社会科学とか人文科学とかもあります。特に哲学も人文科学に入るものとされており、その場合だと単なる事実の提示にはならないでしょう。

ソ：確かに。だが哲学は置いておくとして、その社会科学とかはどうなのかね。君はそれが事実の提示に入ると思うかね。

マ：どうでしょう。社会科学といってもさまざまです。例えば人間の集団はどのように形成されていったのか、とか。なぜ会社というものができたのか、とか。中には犯罪や自殺を取り扱ったものもあります。単なる統計をとること自体も科学と言えるでしょう。

ソ：確かにそうだね。それでそれらは「事実」に終始するものだと言えるのかね。

マ：どうでしょう。その「事実」を受けて、今後の改善点について言及することがあるものだと考えるのは自然ではないでしょうか。法律学者が移行していく社会において適した法律を提案したり、犯罪学者が犯罪をなくすための策を提案するのも「事実」ではなくなんらかの形での「理想」かと思いますね。

ソ：そうだね。科学として取扱う対象が人間なら、そこになんらかの改善を提案していくのは必然とも言えるかもしれないね。まあ、尤もその具体的な案が本当に改善なのかどうかはおいておくとして、だがね。

マ：そうですね。先程のように、科学が対象としているのが完全に「自然」に限定されているのなら、事実しか挙げようがないと思います。自然の改善というのは考えられないからです。なぜならば自然の「改善」とは何かがわからないからです。人間にとって都合がいいという意味での改善はあるのかもしれませんが、それは有効活用と名称した方が正しいものと考えます。

ソ：だが逆に人間を取扱う科学ならそこになんらかの意味での「べし」が導き出せるというわけだ。

マ：はい。

ソ：しかし科学というのは人間のためにあるものなのかね。科学というか、もっと包括的な意味での学問というか。

マ：まあ、人間が行うものですからね。単なる好奇心で学問する人もいれば、仕事として仕方なく学問する人もいれば、何か社会貢献めいたものでする人もいるものです。

ソ：学問は基本的に、割に合わないとはいえお金を払われるものとしている。それは結局なんらかの形で役に立つものと見込まれているから払われるのだろうね。

マ：そうですね。やはり学問はなんらかにおいて役立つ、実際に役立つかどうかは知りませんがね、ことを念頭において行われているのでしょうね。

ソ：それで、その役立つというのは「人間にとって」役立つことを意味するんだね。

マ：まあそう考えるのが自然でしょうね。

ソ：実際に事実を提供するのは結局のところ、なんらかの意味で役立つことが見込まれているからだろうね。

マ：そうですね。例えばまだ見ぬ遺跡の発掘というのは正直意義があるのか分かりかねますが、ともかく人々の好奇心を満たすという点では役に立つのでしょう。だからまあ、科学に携わる当の本人かはともかく、国とかには役に立つものとして見込まれ、実際になんらかの事実はなんらかの役に立っているのではないでしょうか。

ソ：まるで神の見えざる手だね。

歴史を研究する意味があるのはなぜか？

Pourquoi avons-nous intérêt à étudier l'histoire ?

（二〇一六、経済社会）

ソクラテス：歴史という科目を多くの人間は若いとき学校の授業で習うであろう。君もそうだね？

マテーシス：はい、とはいえ歴史が最もいらない勉強科目だという人も多かったですね。

ソ：それはなぜかね？

マ：それはやはり役に立たないから、と言われていますね。数学は数学的思考を身につけますし、国語は読解力を身に付けさせるでしょう。生物とか物理も譬えその道の研究に進むことがなかろうとも、何か世や人間の有様を知ることができるというかで結構有意義かと思います。ただ歴史の場合はもう過ぎ去った事ということで今後役に立つことはなく、単に暗記力だけを鍛える科目と言われていますね、尤もこれは私の意見というより勉強していた人の大まかな意見ですがね。

ソ：なるほど。それで君はどう思うかね。

マ：私も学生の頃は歴史の意義についてかなり胡散臭いとは思っていましたが、年齢を重ねて色々人生経験を積んでいくとむしろ歴史というのは相当重要な分野かとも思うようになりました。

ソ：それはなぜかね？

マ：結局のところ、人は今までの経験から学んでいくわけです。それで歴史というのも同じ過ちを繰り返させないためのものとしてまず価値があると言えるのではないでしょうか。特に大きな戦争で悲惨な被害がもたらされると、それを歴史に記すことにより同じ轍を踏まないようにすることができるでしょう。

ソ：確かにそれはあるね。だが君の言う歴史とは、あまり学校のものとは意味合いが異なる感じがするね。もっというなら歴史という学問分野においても何か意味合いが異なる。確かに歴史の本を紐解いてそこから教訓的なものはあるだろう。しかし例えば五百年くらい前にある人物が王位について、何々とかいう政策を行った、とかの歴史的な記述はあるがそれは結局どういう意義があるのか？　譬え自分の国であったとしてもだ。

マ：そういう知識的なことは正直言えば個人的にはあまり役に立たない気がします。もちろん何かしらその領域における専門家とか見る人が見れば、何か得られるものがあるでしょう。しかしそういった専門家ではなく、哲学者の端くれである私としては歴史について学ぶ際に主に次の二点について考慮しつつ学んでいきます。一つは人間観察、もう一つは現在の社会との対比です。

ソ：ほう。最初の人間観察というのは、つまり歴史で何かの事件がある場合そこから人間の動きを観察して、人間の理解を深めるという解釈でよろしいね？

マ：はい。「知性は外延量ではなく内包量である」と毒舌な哲学者が言っていた覚えがありますが、つまり知性とは知識の数ではなく知識の深さということで、最もわかりやすくいうのなら量より質ということでしょう。「真理とは深さにあり」とデモクリトスも述べています。

ソ：具体的には？

マ：そうですね。今はなんだかんだで平和な世の中で、あまり革命とか戦争とかとは無縁な世の中です。今後どうなるかは知りませんがね。歴史を紐解けば、そういう革命とか、大きな政治運動とか、そういうのが見られますが、それにより人間、ここで言う人間とは単に革命を起こすだけでない周りの人間や一般大衆も含めますが、がどのような行動を起こすのか見られるというわけです。

ソ：なるほど。つまり歴史を人間観察の溜まり場として看做すわけだね。

マ：はい。それを観察して思うのはやはり人間というのは利己心の塊であるということです。まあ利己心のない人間は基本的に行動を起こさないときたものですから、歴史の舞台に影も形も登場しない方が多いので、単に私が気づかないだけかもしれませんがね。

ソ：ということは、歴史というのは人類の争いの歴史を描いたものと言えるかもしれないね。争いといっても、その態様は様々だがね。

マ：そうですね。国家間同士の戦争がその最も顕著な形ですが、政治運動や社会運動、暗殺事件とかも争いですし、暗殺とかもやはり争いの一種に数えられるかと思います。国王等の政策も自然災害や経済不況等といった不測の事態に対する争いとも言えるでしょう。正真正銘の平和状態も書物とかではない実際の歴史にはいくらでもあったでしょう。ただ平穏に国民が起床して、食事して、働いて、帰宅してまた食事して、何か適当に遊んで寝るという具合にね。ただそういったことは書物において記述するべきものがないため、本の上では現れないのでしょう。そういうわけで不測の事態、それも国家レベルの事態しか記載されないのでしょう。もし例外があるとしたら、芸術作品でしょうね。創作過程は様々なので一概にはいえませんが、基本的に一人で黙々とやる代物なので平和状態にあると言えるでしょう。そして不滅の作品とされているものが歴史に残り、本の上で記載されます。まあ芸術との創作格闘という点で争いにカウントもできますがね。

ソ：確かにね。それでもう一つの現在の社会の対比については、君はどういう意味で言ったのかね？

マ：それはやはり今の社会にあって昔の社会にはなかったものを見てとることでしょう。今の社会に生きている人は今あるものが至極当然なものと考えてしまいますが、しかし歴史を紐解いてみると意外とできたのは結構最近でして、それ以前はそんなのはなかったわけです。機械装置をオンにして部屋を冷たくしたり暖かくしたり、ギリシアの一番上から一番下まで二十四時間以内に行けたり、地球の反対側にいる人と話したり文字でやりとりしたりするということは、人類が誕生してからずっとあったものではありません。むしろつい最近だということが理解できるでしょう。あるいは表現の自由とか、思想の自由とか身体の安全が保証されているとかそういった極めて当たり前のように思えることも決して当たり前ではないことがやはり歴史を紐解けばわかるでしょう。こういったことは一種の奇跡的な出来事と捉えられるかもしれませんね。ちょうど我々の当たり前のようにある身体も、身体の中の各々の器官が奇跡的な繋がりで奇跡的に働いているようにね。

ソ：確かに。しかし話は少し変わるが、歴史を学ぶ際に問題点が一つある。

マ：それは何でしょう。

ソ：歴史というのは結局のところ一人の人間、あるいは複数の人間が実際にある場面を目の当たりにして、その事件を他の多くの人や世間に公開したりする。当たり前だが歴史というのも別に勝手に出来上がっていくのではなく、報告する人間が必要だというわけだ。

マ：はい。

ソ：しかしながら報告するのも結局は人間だ。その人間の報告がどこまであてになるのかはわかったものではない。自分の都合のいいように話をでっち上げることもあるし、事実誤認ということも十分にありうる。実際にある事件が起きてそれを裁判で法的判断を下す際、弁護士と検察がお互い丁々発止の議論をし、証拠やら証人やらを持ち出したり呼び出したりして、さらに長い期間をかけてようやく真実が明らかになっていくのだ。いや、それでもなお真実かはわからない。あるいは古典的だが暗殺されたとされる国王も実は影武者を用意して実は生きていたということもありうる。また、「イリアス」や「オデュッセイア」の作者だって本当にホメロスという人物か分かったものではない。結局幼い頃からそう散々言われてきただけでそれが当たり前のような気がするが、実際はどうだろう。私が自分の目で見た以上それが本当だとわからない。いや、譬え私がこの目で見たとしても、それが本当かどうかはわからないとも言える。もっと言うなら歴史そのものすらその国家にとって都合のいいように改竄することはいくらでもある。歴史というのが人間を媒介にして誕生していく以上、どこまでが真実でどこまでが嘘なのか、結局は分かったものではない。特に千年前、二千年前の出来事なんていくら高度な測定や考察技術を用いたところで、真偽疑わしいこと甚だしいがね。結局、我々は何も知らない、いやそういう我々自身のことさえも知らない。結局信じられるものは何もないのかもしれない。それを笑う人はいるだろうがとにかく私は懐疑主義で沢山だ。君はそう思わないかね、マテーシス。

芸術家は自らの作品の主であるか？

L'artiste est-il maître de son œuvre ?

（二〇一四、哲学）

ソクラテス：芸術家は自らの作品の主であるか、という質問、まず答えがどうのこうの以前にそもそもどういう意味なのかね？芸術家は自分の作った作品の創作者ということでいいのかね？

マテーシス：その場合だと、まあそうだ、としか言えないですね。論理学でいう論理反復になってしまいます。純粋に法律的な観点から見れば、それはまあその人間のものでしょう。いわゆる著作権というやつですよ。まあ死後何年か経てばその著作権も無くなるのが普通ですがね。

ソ：とするのならもっと別の意味があるのではないかね。

マ：そうですね。私なりの解釈ですと芸術家は自分の作品を理解しているのか、ということになりますが、どうでしょうか。

ソ：それについて具体的に聞かせてくれ給え。

マ：いいえ、つまり芸術家は自分の作品の隅々まであらゆる側面から完全に熟知しているのか、ということです。よく言われるように天才的な芸術家だからといって美学に詳しいわけではないし、天才的な文学作品の作家だからといって文学理論に精通しているわけではないです。例えば画家が何かの絵を描くとしましょう。そして、そのできあがった作品を見て鑑賞眼のある、美学に非常に精通している人はそれを見て理論的に分析することでしょう。ここはシンメトリックな対称法を使っているだとか、陰影の使い方がどうのとか言うわけです。しかしながら書いている本人はそんなことを意識していません。ただ今までの経験と才分を頼りにして書き進めていっているだけです。自分でもそんな手法を使っているとは意識しないのではないでしょうか。

ソ：芸術というのはどこか現実を超越している部分がある。「芸術家は何時も意識的に彼の作品を作るのかもしれない。しかし作品そのものを見れば、作品の美醜の一半は芸術家の意識を超越した神秘の世界に存している。一半？或いは大半と云っても好い。」という文章がある。創作家が自分を描こうとしているのが何かは分からないということがやはり往々にしてあるのではないかとも思うね。仮にある芸術家について後世の人々が何か論文とか考察とかを書いたとしよう。そしてそれをその芸術家が蘇ったり何かでそれらを読んだとしよう。果たしてその芸術家はどう思うだろうか。むしろ何が書いてあるのか理解できないのではないだろうか。

マ：確かにあり得ますね。

ソ：スポーツと似ている部分もあるのかもね。例えばボクシングでもそうだ。いちいち相手の攻撃を避けて拳を打ち出すのにああだこうだ考えたりはしないし、そんな余裕もない。もちろん考えることもあるだろうが、基本的にセンスと経験と習慣で動いていく。それは芸術においても似たような部分があるのだろう。とはいえ、ボクシングと比べて考える時間は相応にあるがね。

マ：もしかするとあらゆる活動がそうなのかもしれませんね。

ソ：そうかもね。むしろ何よりもそれが言えるのは人生かもしれない。人は自分が行動し人生を送っていくとき、意外と自分では考えておらず、「なんとなく」行動することがままある。というより多くの人間はほとんどそうではないだろうか。「なんとなく」学校に行ったり、「なんとなく」就職したりする。私自身も完全には自分を理解しているわけではない。例えば私は今までの人生で色々なカフェを何回も行ったことがあるのだが、そのうち一番多く入ったカフェに、なんでそこに一番多く足繁くに通ったかと聞かれても私は「なんとなく」としか答えられない。それは値段、味、雰囲気、そういった諸々の要素を組み合わせた結果私にぴったりとはまっていたからだろうが、私には案外わからないものだ。他にも例としてはある人に好きな文学作品を挙げてもらうとして、ではそれがなぜ好きなのかと聞いたら意外とわからなかったりするものなのではないかねぇ。

マ：それによくその芸術家はどのような影響を受けて、その作品を書き上げたかとかいう議論も見られます。

ソ：それはむしろ哲学が最も多いのではないかね。何せそれまでの哲学を批判するのが哲学者の仕事なのだから。

マ：はい、程度はそこまでないですが、画家はその時代とその前の時代にあった古典の絵画作品に影響を受けますし、文学も音楽もやはりそうなのでしょう。しかしながら具体的にどういう影響をその人間が受けて、その作品を書き上げるにあたったなんて、その人間に分かるものなのでしょうか。無論ある程度は分かるでしょう。画家なら以前の時代にいたある巨匠の画家が一人でそれに多く影響された、くらいなら言えるでしょう。しかし自分の受けた影響を全て詳細に知っていることなんてあり得るのでしょうか。嫌いな作品からも思わぬ影響を受けたりするし、その時代の流行についても少なからず影響を受けるでしょう。プライベートな人間関係や資産状況にも影響が絶対ないとは言えないですし、ほとんどの場合は商売として書いていると思われるので、金を出す依頼主とかにも大いに影響されることでしょう。こんなことを果たして創造した本人が細かく自分で理解しているものなのでしょうか。

ソ：それはないと、私は断言できるよ。何も芸術家に限ったことではない。人生を送ることそれ自体においても同じことが言えるだろうね。人は成長するにつれてどのような影響を受けてどこからどんな風に影響を受けるのか、それは他人にも自分にも分からないものだ。「朱に交われば赤くなる」という言葉もあるしね。あまり言いたくない話でもあるのだが、同じ国でも貧しい地域に育った人間と、裕福な地域に育った人間を比較してみればいい。違いはすぐに明らかになるだろう。まあそういった影響を超越したのが天才だという話も聞くがね。だが天才といえどもやはり全く影響を受けないことなぞ不可能だ。そもそも天才的なものを含む、全ての作品は何かを対象にして描かれるのだ。ということは必然その描く対象である何か、に影響を受けざるを得ないだろう。だからその意味でも芸術作品は描いた当人のものだけに帰属するわけではない、と言えるね。

マ：はい。ところで話は変わりますが、今しがた述べた美学的な観点ではなく、義務的な観点から作品を作った人間がその主なのでしょうか。つまり自分の作品は世間に公開する義務があるのか、と思いました。

ソ：それはない、とは思うがね。

マ：確かにその通りですが、例えば天才的であったり偉大な作品だったら言ってしまえば世界遺産的なもので、皆が鑑賞するようにするべきかな、と思いまして。ほら、博物館や美術館のようなものと一緒ですよ。

ソ：まあ、どうだろうね。君の言わんとしていることはわかるがね、やはり賛同するのは難しいかな。芸術家にも自由が与えられるべきだし、というより芸術家だからこそ与えられる、と言うべきかな?そもそもその人間が自分の作品を天才的だと思ったり偉大だと思ったりしても、側から見たらなんの感銘も与えない稚拙な作品だという例はいくらでもあるのは容易に想像がつくし、仮に本当に天才だとしてもね、やはりそれで世の中を変えられるわけではない。「芸術は役に立たない」という極めて単純な意見が聞かれるが、結構真理をついていると思うね。結局それは人を救うわけでも幸福にするわけでもない。ごく一部の優れた鑑賞眼を持っている人以外は、一度見て大なり小なり感動してそれっきりというのが常だからね。まあビジネスにおいても売り出す商品を作るだけでなく、宣伝や広告をしてそれを実際に売りに出すまでがビジネスだから、創り上げるだけでなく実際に世に出すまでが創作活動と言えるだろう。つまりどのように創るかはその芸術家の自由なのと同じく、どのように世に出すのか、そもそも出さないのかも芸術家の自由だと思うがね。

芸術作品を解説する意味とは何か？

À quoi bon expliquer une œuvre d'art ?

（二〇一九、哲学）

ソクラテス：芸術の解説に意義はあるのか、それはアカデミア、つまり大学なるものができてからずっと問い続けられてきたことだ。ここでいう解説は、例えば何かの文学作品なら、単に物語のあらすじを伝えるだけでなく、その作品の時代的な意味とか、作者の意図を解読する、つまり研究することとかとにかく広義に捉えることとする。学者のやっている研究は自分と同じ文学研究者以外は役に立たないとか、重箱の片隅を突いているとかで結構揶揄されてきた。しかしここで改めて先入観を排し公平な観点から考察していきたいと思う。

マテーシス：はい。

ソ：とにかく芸術といったらいろいろ分野があり、各々の性質は異なる。それらを全部一括に捉え普遍的に考察していくとチグハグなものになってしまいそうだから、ここではあえて文学に限定することとする。

マ：はい、分かりました。

ソ：さて、文学を研究することの意味だが、実際に具体的には今までにどのような文学史上の意義があったかね？

マ：そうですね。例えば、作者が作品に込めた真の意味を追求したりですね。

ソ：それはつまり？

マ：文学作品の作者は、結局はその国の時代の中で生きているわけですから、その時代的な雰囲気を受け、自分の作風に意識的にしろ無意識的にしろ反映させます。それはつまりその作者が生きていた時代と社会を知らなければ完全に味わい尽くすことができないというわけです。

ソ：ふむ。「芸術も女と同じことである。最も美しく見える為には一時代の精神的雰囲気或は流行に包まれなければならぬ」というわけだね。

マ：はい。その時代的な雰囲気を考察し、それによって作品の魅力をさらに引き出すことができるものと思います。

ソ：なるほど。しかしそういうことは可能なのかね、実際に昔の社会的な雰囲気とやらを引き出すのは。

マ：うーん、どうなのでしょう。

ソ：どれだけその時代について書かれたことを本で読み、いろいろ頭で想像を巡らせたところで、実際にその時代に生きていた人間には敵わないのではないかね。

マ：確かにそうではありません。しかしまったく無意味とは思いませんね。それに何も社会的な時代や雰囲気だけではありません。作者自身の交友関係、家庭、生い立ち、経済状況、こういったものも作者の心情や価値観に影響を与え、作品に影響を与えることでしょう。それによって作品の内面性というのが覗き込めるのではないかと思います。

ソ：確かにそれはあるね。

マ：基本的に私は研究の最大の業績というか果実として結晶化されるのは翻訳にあると思います。

ソ：それはその通りだね。作品そのものが出来上がると言えるからね。そして基本的にその分野の専門外の人間でも一番興味があり、大抵の場合唯一興味あるのがその翻訳だからね。何せ読めるわけだから。

マ：そうですね。

ソ：そしてそれによってその当の作品を完全にではないにしても、あらかた翻訳を読むことによって知るわけだから、翻訳行為こそが最もその作品を解説している、と解釈できるのではないかね？

マ：仰る通りです。

ソ：では逆に聞きたいのだが、その研究がなければ翻訳はできないのかね？

マ：できないことはないと思います。実際に専門家が研究しているわけですから。

ソ：では専門家が翻訳した方が専門家でない人間が訳したよりも優れているのかね？

マ：……何とも言えないです。専門家にしろ専門家でない人間にしろピンキリですし、「優れている」の定義も難しいです。「優れた」翻訳とはどんなものなのでしょう。

ソ：私が聞きたいね。まあ文章が読みやすく明晰な母国語で訳されていることが第一条件だろうね。作者が意図してか意図せずか難しく書いたり、乱雑に書いたりしてなければ、だが。

マ：先ほどの時代背景等も考慮に入れて訳したものも優れているのではないでしょうか。

ソ：確かに優れているとは言えるだろう。とはいえ、あまりに時代背景等も再現しすぎると現代社会に馴染み深い者にとっては逆に分かりにくくなり、読者にとっては優れているとは思われないのではないだろうか。

マ：確かにそうですね。翻訳者もまた葛藤に挟まれるのでしょうね。時代背景等はどこまで如実に反映させるかとか、原文そのものが質の低い文章だったり分かりにくかったりするときそれを忠実に母国語に訳すかそれとも分かりやすくするかという具合にね。

ソ：それはともかく先ほどの話に戻るが、翻訳というのはその作品の専門家がやった方がいいのかね？

マ：私としてはやった方がいいとは思います。とはいえ研究者ではなく翻訳で生計を立てている人から聞いた話ですが、翻訳において最も重要なのは訳そうとする対象言語のスキルではなく、そもそも母国語のスキルだと聞きました。もちろん対象の外国語も相応にできないといけないですが、翻訳者が母国語で形は違うにせよ文学作品を執筆することには変わりはないので、単純に母国語での物語の執筆能力が要求されます。翻訳というのは学校のテストにあるように、単語の意味と文法が正しければいいという代物ではないみたいです。むしろあまりに正確だとチグハグ感が作品全体に出ることになり、時にはあえて間違った訳をするというか、崩したような訳をするのも必要みたいです。要するに文学的なセンスも文芸翻訳において要求されるわけです。また、時代背景その他諸々の知識も、研究文献以上に作品そのものに結構書かれているわけでして、詩とは違い物語系だと情報も必然的に多く、その作品自体を研究文献とすることができることもあります。ざっくり言ってしまえば文脈判断ですかね。

ソ：なるほど、なかなか耳にしない話だ。

マ：しかし文学も多種多様でして、中には一通り読み通すだけでも苦労するのがあります。単に分量だけでなく、専門用語や造語のオンパレードだったり、抽象的過ぎたり象徴的過ぎたり、あえて支離滅裂に書いたり、時系列がめちゃくちゃだったりとか、時代を風刺しているのですがあまりに複雑巧妙にし過ぎていて読む人が読まないとその意味合いが全然わからないような作品ですね。もはや「読む」というより「解読する」という系の作品です。そうなってくるともはや、専門外の人間にとってはお手上げになり、専門家にしか訳せないような状態になるでしょう。そして、これは私の個人的な意見ですが、本当に研究する価値のあるのはこういった作品かと思います。

ソ：では逆に明晰で分かりやすい作品は研究する必要がないということかね？

マ：いえ、一刀両断的に必要ないなどと断定するつもりはありません。古典というのはやはり深い作品なのであり、読みやすいからといってその深さを味わい尽くせるとは限らないからですね。ただそれに注いでいる労力と結果という果実が釣り合うかどうか、甚だ疑問だと思います。それに私が研究で危惧している最大の要素があるのです。

ソ：それは何かね？

マ：それは「心」です。「感受性」でも「情緒」でも呼び名は何でも構いませんが、文学作品は決して書き手の頭だけで書いたものではありません。ペーパーテストのように持っている知識を色々取捨選択し、かき混ぜて機械的に書いていく代物ではありません。やはり書き手の心情も大いに反映されています。そしてその心情というのは後世の人たち、いや同時代の人たちだってわかるものでしょうか。研究文献やその他諸々の資料では色々書き手の心情が書いてあることもあるでしょう。しかしだからといってその心情と共感できるでしょうか。別に何でもいいですが、「自分の友人の恋人が病気にかかって悲しんでいる」と聞いたとしましょう。それで「友人の恋人が悲しんでいる」という知識情報は頭に入りますが、しかしでは実際にその病気にはかかっていない、知らされたその人が友人の恋人の悲しみなんてわかるものでしょうか。

ソ：確かに難しいね。

マ：個人的に作品が明晰であればあるほどこの心の観点がポイントになるかと思います。文学に限らずほとんどの芸術作品はこの心の要素もあるわけですから、それを覗き込む研究は一種の心理学的な作業かもしれませんね。

芸術作品は美しくなければならないか？

Une œuvre d'art est-elle nécessairement belle ?

（二〇一七、哲学）

ソクラテス：芸術というのは「美」を目指すものとされている。これについて君はどう思うかね。

マテーシス：やはりそうだと思います。作者は、露骨な金稼ぎ目当てでなければ、何か美しいものの感動させるものを書こうとするものでしょう。もちろん、あくまで「美」を目指すだけであって、実際の出来が「美」なのか、単なる陳腐な感動ものだとかどうかは全く別の話ですがね。

ソ：では「美」とはどういうものかね。

マ：単に「綺麗」ではないでしょう。なるほど薔薇とか百合とかは「綺麗」ではあるでしょう。

しかしそれは果たして「美」と言えるのかどうか。

ソ：「美」というものの論点は、それが客観的か主観的かどうかという点にあるね。「美」というのはそれ自体あるか、あくまで鑑賞者がそう感じ取るかどうか。両方を折衷したものではあるだろうがね。そもそも私としては「美」というのは単に外観上のものではないと考えているね。

マ：では、一体どういう要素を指すのでしょうか。

ソ：つまり感動させること、心を打つことだ。物語において「美」が見られることは多々ある。当然ながら物語には字面しかなく、まさか文字の外形だけを見て「美」を感じるような人は滅多にいないだろう。そこにある物語の展開や人物の挙動を見て大体は感動し、「美」を感じる。

マ：その通りかと思います。

ソ：ならば先どの薔薇や百合に「美」を感じるのは何も外形的な部分ではないだろう。とはいえ、これはあくまでも「美」という単語に対する私としての定義である。単語にも解釈が必要であり、各々の人物が主観を有している以上、人の数だけ「美」という単語の解釈や定義があるのだろう。大半の人間はその解釈を明瞭に意識しているわけではないがね。しかし「美」という単語を聞いて何かぽわわーんとしたイメージが浮かぶ。ただ、何か不快感を抱くようなものを「美」とする人は滅多にいないと思うがね。どちらかという快感的なもののはずだ。仮に何か醜いと多くの人に思われるものにある人間はそれを「美」を感じたのなら、それはその人間にとって「美」ではないかね？

マ：そうとは思います。

ソ：とはいえ、「美」は快の要素を持ってはいるだろうが、快があれば「美」というわけではない。くだらない浅くて陳腐な作品にもゲラゲラ笑ったりして快を感じることはあるが、それは果たして「美」とも言えるだろうか。

マ：あくまで個人の意見ですが、私はそう思いませんね。「美」には何か崇高といった要素があると思います。とはいえそうすると今度は崇高とは何かになってしまいますがね。

ソ：「美」という単語は色々な言語の言葉がある。beauty、beauté、schönheit、bellus、kalon と

omorfia、krasota。もちろん言語の数があるほどにその表現の仕方があるのは重々承知しているが、美には殊更に特別なものがあるような気がするのだ。

マ：といいますと。

ソ：「美」という単語自体が何かしら美の意味合いを込めていると考えるのは決して的外れでないと思うがどうかね。その文字の構成や音声等。

マ：うーん、どうなのでしょう。しかし各々の言語では「美」のニュアンスが多少なりとも異なることは事実かと思います。

ソ：それは「美」に限らないがね。だがそれはともかく、「美」の感じ方は人様々だと考えるのが妥当だと思うがね。

マ：それは私もそう思います。

ソ：さて、質問の芸術は「美」でなければならないか、ということだが、これはどちらだろうか。「美」がなければその作品は芸術品とは言えないのか、それとも作品の創作者は創作にあたって「美」を目指さなければならないのか。後者であった場合あくまで目指すだけであり、実際に「美」である必要はないわけだ。

マ：分かりかねますね。

ソ：では個別に見ていこう。「美」でなければ芸術ではないとする場合、「美」は鑑賞者の受け取り方次第である故に、「美」の判断は鑑賞者にあるということになる。

マ：はい、そうです。

ソ：ということは、もし芸術作品が美しいものでなければならないならそれが芸術作品であるかを決めるのは鑑賞者にあるということになる。つまりこの場合は、作品の良し悪しによって、それが芸術かどうかというのが決まることになる。例えば、小説というジャンルを取り扱うとしよう。二つの作品があり、ある読み手が片方は大層気に入っていて「美」を感じ、もう片方は全然好きではなく「美」を感じない。その場合前者の方は芸術作品になるし、後者は芸術作品ではなくなる。

マ：そしてそれは、その読み手にとってということですよね。

ソ：そういうことだ。よく鑑賞者が賞賛の意味として「これは芸術だ」という言葉をあげることがある。これがこの場合の例を最も体現していると私は考える。

マ：なるほど。つまりこの場合の「芸術」作品は完成度の良し悪しの側面が強いということになりますね。

ソ：そうだね。一方後者の、あくまで創作者が「美」を目指すことを要件とする場合は、受け手の評価は関係ないことになる。そしてあくまで目指しさえすればいいわけだから、実際に完成度が高いかどうかも関係ない。どう思うかね。

マ：私としはこの後者よりまだ前者の方が理に適っていると思いますね。動機が良ければ何したっていいというわけではないのと同様に、いくら作者の動機があったところで、鑑賞者の評価は無関係というのは結構極論だと思いますね。譬え作者が自己満足で作ろうとも、鑑賞されて初めてその意義を持つと考えますので。

ソ：正直なところ、私も同意見だ。もう一つの事例があって、それはジャンルの区分けである。つまり特定の創作分野を一括で「芸術作品」として呼称するわけであり、物語を描いた小説は全て「芸術作品」としたりする。絵画でも音楽でも同様になる。これについてはどう思うかね。

マ：別にいいとは思いますが、結局今度は「芸術作品」という単語の定義如何になってしまいます。

ソ：確かにその通りだ。そしてその定義の解釈もまた人それぞれであろう。しかし、まあ私としてはどれが「芸術作品」でそうでないか、美しくある必要があるかどうか、というのは二の次というのが正直なところだ。というのも、結局のところ自分が気にいるかどうかである。「芸術作品」と人が言おうと、言わなかろうと、結局それは二次的なもの、いや、五次的なものだ。そして「芸術作品」には「美」が不可欠かどうかも、やはり四次的なものだ。私がそれを鑑賞して楽しめるかどうかにかかっている。本なら最後まで楽しんで読め、繰り返し読む価値もあるかが重要である。とはいえ私がそれを見て楽しめるのなら何かしらの「美」があるのだろう。そして「芸術作品」かどうかを鑑賞者側が決定する権利が何かしらあるとするならば、私を楽しませるその「美」があってこそ、私にとって、芸術作品たらしめるのであろう。だから芸術作品には美が必要かと言えばそうだ。何かしらの美、と言った方がより適切な感じがするがね。

マ：しかしもしその作品が気にいる要素が「美」以外にあるとするなら、それは一体何でしょうか。

ソ：「真」と「善」かね。物語の深さはどれだけ人と世を反映させるか、という点にある。なるほどテレポートやら空中浮遊やら、異世界転生やら魔法やらそういったものは現実離れしているが、中には世の中を深く反映させているものもある。つまりどれほど設定が現実離れしていても、その劇を繰り広げるのは基本人間、あるいは人間的な心情の持ち主である。大人になればなるほど人間や社会という泥水を味わうようになるが、空想的な物語でもそれが反映されていればやはり深いのだ。そして経験を積んだ大人は共感し「真」を見出すだろう。そしてその中で形はどのようであれ「善」が浮かび上がれば、やはりそこに「芸術」を見出すのではないだろうかね。

芸術作品には常に意味があるのだろうか？／芸術家は理解するべき何かを与えるか？

Une oeuvre d'art a-t-elle toujours un sens ?／L'artiste donne-t-il quelque chose à comprendre ?

（二〇一五、哲学）／（二〇一五、哲学）

ソクラテス：芸術は何かを描写するのは間違いのないことだが、芸術は何か意味があるのか、ましてや何かを伝えるのかと聞かれればどうかね。

マテーシス：やはり教えるのではないでしょうか。とはいえ「芸術」といってもそのジャンルが広すぎて個別に見ていかないといけない気がします。

ソ：そうだね。個別に見ていこう。芸術は大雑把には次の三つに分けられるのだがどうだろう。合唱等の音楽、絵画等の美術、文学等の文章。とりあえず一番初めに、音楽を見ていこう。

マ：まず声というより歌詞が一切ない、音楽はどうでしょう。まずそこに教えるものはないと思います。とはいえ、音楽でも何かを描写することは可能だと思います。優しい曲調は当たり前ですが優しいものを伝えようとしていますし、悲しい曲調もまた然りです。また「幻想交響曲」という曲もありまして、これには声楽が一切ないのに、物語性があります。特に最後の二楽章には尋常ならざる個性がありまして、そこには何か音楽に留まらない描写があることでしょう。とはいえそこに意味はあるのかもしれませんが、具体的に何かを理解させることはできないはまだないと思いますがね。

ソ：なるほど。ではもし歌詞がついていた場合はどうなるかね。

マ：歌詞次第でありますが、やはりそこには何か伝えたいものがあるのではないでしょうか。「神の栄光を讃えよ」とか現代ですと「君をずっと愛していく」とかそんなのでも何かを伝えているのは間違い無いでしょう。最も歌い手や歌詞を書いた人間が本気でそんなことを思っているのかは知りませんがね。

ソ：なるほど歌詞は単純だからね。

マ：それで単にそれらの言葉を伝えるだけでなく、その背後に音楽が鳴ったりして場面が盛り上がるわけですよ。悲しい歌詞なら悲しい曲調をつけて、より一層悲しさを際立たせようとするわけです。言ってしまえばドラマの演出と同じですね。合唱でも同じですね。同じ歌詞を一人で歌うのと大勢が一斉に歌うのでは効果が違いますからね。哲学的に言えば、ある概念をより声高に伝えるわけです。

ソ：とはいえ、その概念がより鮮明になったり真実性を帯びたりするわけではない。

マ：それはもちろんそうです。地球が赤色だということにどれほどの演出を交えて歌いあげたところで、それが真実になるわけではないですね。

ソ：とはいえ、何かを意味しているのは明らかだし、理解すべき何かを伝えているのもまた明らかだ。それでは次に美術に行こう。どうかね？

マ：そうですね、たとえば彫刻とかどうでしょう。彫刻はその人間がどういう人間だったかを表します。

ソ：それはそうだ。だがその彫刻ではそのような姿をしているからといって、実際の人物がそのような格好をしていたわけではない。例えば後世の人がアレクサンドロス大王の彫像を作ったとしよう。彼は色々な資料を読んだり、あちこち歩き回ってその道の専門家からアレクサンドロス大王の実際の姿をはじめ彼について色々と情報をインプットしていく。そしてついに彼はアレクサンドロス大王の見事な彫像を作り上げたとしよう。なるほど、その作品は非常に優れていて、天才的な作品かもしれない。だがだからといってアレクサンドロス大王「そのもの」について伝えているわけではない。例えばその彫像のアレクサンドロス大王は身長百八十センチであるとしよう。そしてなぜ百八十かというと作り上げた人が何かの文献にそう書いてあってそれを自分の作品に反映させたわけだ。だが文献にそう書いてあったからといって実際にアレクサンドロス大王が百八十センチであったという確証はどこにもない。そしてこれは身長に限ったことではない。顔立ち、体格、筋肉そのほか諸々のことについて、彫像家は実際に調べてそこで得た大量の情報をまとめ上げてその彫像を反映させた。そしてその出来栄えは見事なものである。だが、だからといってそれがアレクサンドロス大王そのものであるという確証はどこにもない。その作品の善し悪しは別としてそれが鑑賞者に伝えているのは、「アレクサンドロス大王は実際にどのような外観をしていたか」を伝えるのではなく「アレクサンドロス大王は実際にどのような外観をしていたか、を彫刻家はどのように考えていたか」を伝えているのだ。いやもしかすると、出来栄えをよりよくするために多少は捏造したことも考えられる。

マ：なるほど。というか絵画においても同様のことが言えるわけですね。

ソ：それはもちろん。というより、絵画はその歴史を紐解けば実に様々な作風がある。写実的な作品も多いが、歴史が進むにつれ、どんどん前衛的というのかね、現実を逸脱するようなものができる。また、色の使い方や陰影の付け方、その他もろもろの絵描き技法で何かを強調したり、逆に印象を弱めたりすることもある、言ってしまえば演出だ。それらは何かを意味する、と言えば意味するだろう。それを知るのは難しいがね。そしてそれは何かを伝えているのだろうか。やはり先程の彫刻家と一緒かもしれない。つまり現実にあるものの何かを伝えているが、それは鑑賞者にとって「現実の何か」ではない。むしろ、「画家が現実の何かについてどう思っているのか」を鑑賞者はそれを見てとるのではないかね。

マ：そうですね。

ソ：さて最後に文章について考えるとしよう。まず文章といっても色々ある。エッセイ、物語、論文等々。それらのうちエッセイと論文は何かを伝えようとしているのは疑いのないことなので、いちいち考察していくのは省くとしよう。

マ：はい。

ソ：それで物語である。つまり文学なのだが、これは何かを伝えているのだろうか。

マ：それはやはり、描かれている物語を伝えたいのでしょう。

ソ：ではその意味するところとは何か。つまり現実と照らし合わせた上で、その物語はどのような意味、或いは意義を持つのだろうか。

マ：それの具体的な答えは分かりかねます。ただ物語というのは美術や音楽に比べてかなり制約を被っていると思います。

ソ：制約？

マ：つまり共感です。読み手にとって共感されなければならない度合いが前二つよりも強いと思います。音楽は基本的に頭ではなく心というか気質に訴えます。だから頭がいい人間も悪い人間も同じ音楽にはまり込むことはあります。美術もそうでしょう。頭の良さ以上に造形とかそういったセンスが重要かと思います。でも物語は違うと思います。頭のいい人間がはまり込む物語と、頭の悪い人間がはまり込む物語は違うことが多いように思われます。物語等には深さがあると思います。それは単なる技術上の深さです。つまりその人間の頭の良さ、精神性、人生観等がそのまま物語に表れるからです。ですから人生観や精神性の浅さ深さが読み手と物語と調和すればするほど入り込むことがあり得るのでしょう。物語は基本空想上のものです。それがＳＦとか超自然的なものを取り扱ったものとしても、そこには精神性や人生観が出てくるものです。そしてそれは言ってしまえば作者の人生を反映させていると言えるでしょう。登場キャラの直接的な行動やセリフはもちろん、作者自身でも完全には把握できない文体や雰囲気もそうでしょう。もちろん作中の登場人物たちが辿る展開というのは、作者自身が辿ることなど滅多にないことでしょう。とはいえ、そこには作者の経験、考え、ひいては人生観というものが漏れ出てしまうものかと考えています。そういったわけですから物語の展開とか起承転結とか、トリックとか伏線とかそういったものもあるでしょうが、私としては物語が伝えるのは何よりも作者の人生かと考えています。

ソ：そうか、確かに言われてみればそんな気がするね。こうも言うね「何人も文において自分を完全に表現することはできないが、全く表現しないこともできない」。他の二つに比べて物語は人生の一部分にしろ、全体にしろ描いているのは否定できない。そして優れているほど暗鬱としているのは、やはり知性が発達するほど悲観主義者になっていく証拠であろう。とはいえ美術も音楽もやはり作り手によって産み出され、その作り手が人間である以上、自分を反映するだろう。だから芸術作品の意味と意義と提供する理解するものは何か、と聞かれたらこう答えるだろう――人生、と。

自然の欲望は存在するのか？

Peut-il exister des désirs naturels?

（二〇一二、哲学）

ソクラテス：人間には睡眠欲と食欲と性欲の三大欲求があり、それらは我慢することはできても、湧くのを抑えることはできない。従って存在する。以上。

時間から逃れることは可能か？

Est-il possible d'échapper au temps ?

（二〇一九、哲学）

ソクラテス：時間というものはこの世が誕生してからずっと流れているもので、今後も流れ続けていくものである。この世が誕生する前には時間なるものはあったのか、そしていつかこの世が終末を迎え、その後は時間というものがなくなるのか、私にはわからない。だが、とりあえず今我々の人生に限定して時間というものを捉えることにしよう。つまりこの世に終わりは来ず、今の日常感覚における時間が普通に流れ続けるものとして、この問いにあたっていくとしよう。

マテーシス：はい。

ソ：さて、君は時の神というものを知っているかね。

マ：時の神？　クロノスとカイロスのことでしょうか。時間を司る神としての。

ソ：そうだ。そしてその神は各々どう異なるのかね？

マ：確か、クロノスが時間そのもので量的な時間を司る存在だったはずです。逆にカイロスが瞬間的・刹那的な時間で質的な側面が強い存在だったはずです。クロノスを客観的な時間、カイロスが主観的な時間とすれば大まかに正しいかと思われます。

ソ：そうだね。それでもう少し説明を加えると、例えば学校の授業は一回あたり一時間であるとする。そのためどのような授業でも一時間ということになるが、授業を受ける人間がその授業を面白いと感じれば早く時間は流れるだろう。またその授業が退屈だったりするなら時間は遅く流れると感じるだろう。だから同じ一時間なのに実際に感じる時の速さは授業毎に異なるというわけだ。さて前者の客観的な時間を「クロノスが司る」とし、後者の主観的な時間を「カイロスが司る」とするのはどうだろうか。

マ：はい、いいと思います。

ソ：そうか。さて時間を逃れることは可能か、という問いを考えていくとしよう。この世が誕生してからずっと今までクロノスが司ってきたことは間違いのないことであるね。

マ：はい。

ソ：ではそのクロノスの支配から逃れることは可能なのだろうか？　もしも我々がクロノスの司りから完全に逃れた場合、我々はどうなってしまうのだろうか。つまり創作で「時間よ、止まれ」とかいう能力が見られるが、では時間が止まりクロノスの力が及ばなくなったら果たしてどうなるか。今後の創作技法においても何かの役に立つかもしれないから、考えてみるのも面白いかもしれない。何か時間を止めるような能力が発動した場合、基本的に能力発動者を除いて動かなくなる。しかし、動かなくなるというのは単に体が膠着したとか意識がなくなったとかそういうことを表すのではない。つまり意識そのものも止まるのだ。そして能力発動者を除き何一つそれら全てに変化を一ミリも生じさせない。つまり時間が止まった人間がいると、止まった際の姿勢で膠着するが、仮にその人間を動かそうとしても動かせなくしなければならない。物理的に動かす強さ云々ではなく、時間が停止しているから何一つ変化させることができなくなるのだ。仮にその人間を殴打しても、その人間に何一つダメージを与えることはできないだろう。例えば時間が止まったその人間の顔面を殴ったと仮定しよう。だがその人間は痛みを感じないのはもちろんのこと、身体に対する打撃の痕跡もないだろう。そういった痕跡を残すには殴られた部分の皮膚や神経作用に何かしらの作用が生じる必要があるが、クロノスが完全に不在な故に、そう言った作用も生じないのだからね。時間の止まった人間の胸にどれほど鋭利な刃を突き刺そうとしても同じ理屈で貫くことはできないだろう。そして鋼鉄に刃を突き刺した際に何らかの音が本来生ずるのだが、この場合はそういった音も発生しないだろう。そしてこれは創作でよく見られる表現であるが、クロノスを奪われた存在はクロノスを返還されても何一つ気づかないであろう。ちょうど突如何の前触れもなく意識が飛んで、そしてこれまた突然意識が戻れば当の本人は何一つ気づかないという具合に。

マ：はい。

ソ：さてこのように人はクロノスの司りからは逃れられないが、その例外があるのならば上述したカイロスの司りであろう。先ほどの授業を例として挙げるとすると、授業は一時間なのに、面白いが故にすぐ去っていったということである。これはいわばクロノスの支配を完全にではないにしても逃れられたことを意味するのではないだろうか。

マ：確かにそうかも知れません。そしてそれは逆にカイロスが支配するということになりますね。

ソ：そういうことだ。

マ：しかしクロノスの支配からは逃れられても、結局はカイロスの支配下に入ることになり、性質は異なるにせよ時間からは結局逃れられてないということになります。

ソ：確かにその通りだ。

マ：そしてこういった時間は、クロノスかカイロスかという具合に二者択一のものではないと私は考えます。つまりある程度はクロノスの支配を受けるし、ある程度はカイロスの支配を受ける。結局は度合いに過ぎないものと思われます。というかこの世界はクロノスとカイロスが常に領土争いをしているような状態になっていて、我々はそれに巻き込まれているとも言えますね。

ソ：ふむ。

マ：時間に限らず、我々を取り巻く世界は客観にせよ主観にせよなくすことはできないと思います。つまり意識がある限り何かしらのものを知覚します、クロノスにせよカイロスにせよ両者の司りから逃れようとすればもはや知覚をなくす、言い方を変えれば意識をなくすしかないとは思います。最もわかりやすく顕著な例が「死」に入ることだと思いますが。

ソ：そうか。仮に「死」ではなくその人間の意識が途切れたとしよう。死とは違いあくまで一時的なものであり、また意識が戻ってくるものとする。その場合先ほどの例を挙げたように、意識が途切れるのと回復するのとのどちらもが何一つ予備動作がなく突発的だった場合当の本人は何一つ時間の流れを感じないだろう。部屋の中にいるとして、そこには誰もいないし、誰も入らない。そして窓はないから外が昼か夜かもわからない。その人間が意識が突如途切れて回復してその間が仮に十時間ほどだとしても、本人は何一つ時間の変化に気づかないだろう。むしろ意識が途切れたことも意識しない。十時間どころか数年いや数百年でもそうかもね。だからこの間はカイロスの力は及ばない状態にあるだろうが、ではクロノスの力の方はどうかね？

マ：クロノスに関しては相変わらずその力が及んでいるでしょう。今の例だと部屋には誰も入って来ず部屋自体にも何ら変化がありませんが、もし誰かが部屋に入って彼を居間にでも運んだら、やはり彼は居間へと移動することになります。それはつまりクロノスの力が作用することを表すと言えるでしょう。また部屋も誰かが掃除したりリフォームしたりして別のものになります。これもやはりクロノスでしょう。当の本人からしてみればいきなり瞬間移動したり部屋が魔法の力で変わったように思えるでしょうがね。

ソ：なるほど。では結局のところ時間から完全に逃れるには「死」しかないのかもね。だがそれでもクロノスとカイロスの両方の支配下から完全に逃れられるか怪しいものだが。

マ：先ほどの意識の途切れの時間が無限に延長されると考えるのが適切でしょう。故にまず、カイロスの力は死んだ者には及ばないと考えていいでしょう。問題はクロノスの方です。例えば死体を誰かが運んで別の場所へと移動させたとしましょう。結局そういう時間の流れはあるわけですから、クロノスの支配はまだ及ぶのではないでしょうか。

ソ：だが問題は時間から「逃れる」わけだからね。クロノスからも「逃れる」ことはできるのではないだろうか。

マ：確かにそれはあります。クロノスの力を無くすことはできないでしょうが「逃れる」ことは可能でしょうね。死んだその人が天国や地獄へと行ったり、輪廻転生しなければ、の話ですがね。まあ、もしかすると単に意識が変わるだけかもしれませんね。結局どうなるのかは実験、それも手際の良い実験方法を考案する必要があるかと思います。

政治は真実の要求を逃れるものか？

La politique échappe-t-elle à une exigence de vérité ?

（二〇一五、哲学）

ソクラテス：いきなり答えを言ってしまえば、政治は真実の追求を逃れるか、と聞かれればそうだ、と答える他はない。真実といっても様々な真実があるからその解釈の仕方次第でもあるが、ともかく政治に嘘を混ぜてはいけないのか、というのがこの質問の真意であるならば、そんなことはない、と私は答えるだろう。むしろ政治だからこそ、嘘をつかなければならない、とすら思っているね。

マテーシス：そうなのですか。かなり不謹慎なことを仰ってますが。

ソ：「真の真実は見せかけの真実ほどの利益を世の中にもたらさない」と言うし、「個人を騙さない賢者はあり得ても、大衆を騙さない賢者なんてあり得ない」と言うからね。古来多くの政治家は嘘をついた。特に大衆に対してだが、それはなぜかというと、多くの人間は真理よりも自分にとって都合のいい事実を好むからだ。

マ：まあ確かに。

ソ：ともかくも政治の役割をもう一度考えてみるとするならば、それは言ってしまえば国家の秩序を維持することだ。世の中はそう綺麗事だけでやってはいけない。誰しも組織を運営したり、ある程度人の上に立てば、ある程度は都合の悪い事実を隠し、嘘を交えなければならないだろう。或いは都合の悪い事実をあたかも都合のいい事実であるように伝えることもある。「嘘も方便」というからね。いや、冷静に考えてみればこれは何も人の上に立つ人間だけではない。社会の常識や公共マナーでも結局のところ嘘をつくことを強いているのだ。例えば誰に何か恩を与えたらそれに感謝せよ、というのが公共マナーの基本だ。とはいえ、これもまた結局は嘘をつけ、と言っていることにならないかね？例えばその恩は別にどうでも良かったり、或いは自分は恩を与えられて当然という鼻もちならぬ傲慢さを持っていたとする。だがとにかく「ありがとうございます」と言わなければならないのだ。そしてこれは本心を偽るから嘘になる。社会において仕事をしたりしていたら、こういう感謝や、褒めの言葉を得ることになる。だがある程度こういうのを経験したら気付くだろうが、自分に感謝したり褒めたりしている人間は本当にそう思ってやっていないのではないか、ということにね。つまり本心で言っているのか、単に決まりが悪いしそれこそ「常識」だから言っているのか、それともご機嫌取っておけばまた得になるから言っているのかもしれない。いや、これに限ったことではない。「我々はお互いを騙しあってなければ到底社会を維持し続けることはできないだろう」という言葉があるように、本音で話し合える人など滅多にいない。金銭利害の関わらない社交にすら嘘は絡む。ましてや政治家という大衆を相手にするのを仕事としている職業で嘘をつかないということがあろうか。そもそも政治家というのはアイドルと言ってもいいね。

マ：アイドルですか？

ソ：そうだ。「ファンの皆様の応援がありましたので私たちは今までやってこられました！」だの「私たちのコンサートの主役はファンの皆さんです！」だの「ファンの皆様のためにこれからも精進して参ります」だのといった言葉なんて、ファンから金を搾り取る以外にどんな意図があるのかね？このファンという言葉を国民にさえ変えれば政治家の出来上がりさ。それでもし仮にアイドルグループのうちの一人が真実ではあるが、何か毒を吐いたらどうするか？誰それの悪口を言ったり、今の国のここが良くない、とか言い始めたら、どうなるか。ファンから中傷が飛んでくるだろう。その毒の内容が相応の理にかなっている場合、ファンの中には理解してくれる人も出てくるだろう。とはいえ、必然的にファンの絶対数は減っていくのは間違いない。つまり政治家とアイドルが欲するファンというのは質より量ということだ。すごく優秀な人格者も、最底辺レベルの人間も、同じファンの一人であることに変わりはない。聖者が払う一万円も、大量殺人者の払う一万円も、同じ一万円というわけさ。とはいえ別の言い方からすれば、悲劇が生じるということになる。どういうことかというと、アイドルも政治家も基本的に「ファン」を獲得し増やし続けていくために仮面を被らないといけないわけだが、一旦仮面を被りその仮面に誘惑された「ファン」が出てきたら最後、その仮面をずっと被り続けなければならなくなる。仮面を脱ぎ捨て、本当の自分を曝け出すことは少しも許されなくなる。ストレスを抱えながら仮面を被り続け、いつの間にやらその仮面が脱げなくなり、自分の顔そのものになってしまう。

マ：なるほど。確かにアイドルとか「真理」の追求というものから程遠い者ですからね。

ソ：ある哲学者は言っていたが、政治家というのは「意志」へと向かった存在だ。そして世界史上の英雄とされる人物たち、活動が壮大なので誤解されがちだが彼らもまた政治家なのだが、その人物たちは他国を侵略したりして自分の勢力図を一時だけとはいえ大幅に広げた。「演説」というアイドルソングを歌いながら彼らは政権を握り、うまく国民を操作し、自分たちの野心を成し遂げていった。そこに「知性」というものはまったくないと言えるのかね。むしろあるのは「意思」、いってしまえばエネルギーそのものであり、その本人たちですら抑えることのできないエネルギーの迸りが、世界を動かしていったとも言えるだろう。まあどういう風にアイドルソングを歌ったりするかとか、そういった意味での「知性」はあるのかもしれないが、基本的な真理の探究とか、美しさとか、そういったものとは基本無縁ではないかね。

マ：確かにそうですね。文学とか哲学とかそういった正真正銘の「知性」の世界とは無縁ですね。

ソ：そうだね。文学・哲学と政治は両者極限まで相反するものだと言って良い。前者は「知性」、後者は「意思」というわけだ。更にいうなら前者は基本的に単独で行うものだが、後者は集団で行うものだ。そういう意味でも興味深くそして相反するものだという言うことができるだろう。

マ：やはりあなたは前者の方を好むものでしょうか。

ソ：そうだね。とはいえ、世界を動かしていったものは「知性」ではなく「意思」だ。まあそれは偶然の力という助けが大いに働いていることを前提とした上での話だが、ともかく世界を動かす可能性があるとすれば「意思」の方だと言わざるをえない。人間の「知性」は所詮ミクロ単位、個人単位のものに過ぎない。優れた作品を作ること以外の点では、せいぜい己の身の処しかたを他人よりも巧みにすることぐらいにしか役に立たないのかもしれない。冷静に考えてみればいい。地震や津波、或いは疫病といった天変地異、或いは大きな不況といった経済問題、そういった世の中を動かしてきたものに「知性」など微塵もない。あるのは「エネルギー」だ。「理性が私に教えたのは畢竟理性の無力さである」という言葉があり、結局人間個人を動かすのは「意思」というが、それは世界全体においても同じことが言えるのかもしれないね。

マ：なるほど。

ソ：ところで余談だがね、歴史を紐解いても政治家同士の争いの結果暗殺されたり、死刑になったりした例は数多くある。それは何故だと思うかね？

マ：なぜでしょう？ わかりません。

ソ：要するに政治家や王族等は立法等に携わっているために相手を殺しても罰せられないのだ。ある会社とかで気に入らなかったり邪魔だったりする人間を殺そうとしても、法律が邪魔をする。しかし彼らはそんなこと気にしなくていいわけさ。

マ：なるほど。

我々は真実を探求する義務があるか？

Avons-nous le devoir de chercher la vérité?

（二〇一一、哲学）

ソクラテス：我々は真実を探求する義務はあるか、なんてこれまた実に挑戦的極まりない質問ではないかね。

マテーシス：確かに。哲学者に対して「真実を探求する義務はあるか」というのは果たし状を送りつけるようなもんですよ、速達でね。

ソ：まあいい。だがいかなる問題であれ、答えねばならないからね。しかし、何よりも最大の問題はこの「我々」だ。「我々」というのは誰を指すのかね。なんでもこの質問は大学に入るための試験問題と聞く。だからこの「我々」というのは主に三つに分類できるのではないかと思う。

マ：つまりは？

ソ：まずは哲学者。もう一つは受験生とその問題作成の委員会。そして最後は国民全員である。

マ：なるほど。最初の哲学者はなさそうですね。つまり自明の理なので、検討しなくてもいいでしょう。

ソ：そうだね。いっそのこと最後の国民全員にしよう。そうすることによって最初は広く、そのあとどんどん範囲を狭めていくことができそうだからね。

マ：はい。

ソ：そしてもう一つの定義付けがある。それは「義務」。

マ：「義務」。つまりしなければいけない、とかそういうことでしょうか。

ソ：そうだ。だがこの「義務」というのがなかなかに厄介だ。例えば法律に従うのを私はあまり「義務」とは思わない。むしろ「必要」だと考えている。

マ：つまり両者の違いは？

ソ：「義務」は従うべきもの。道徳理念的なところが大きい。そしてその「べき」で、その度合いが最も大きい。なんというかな、必ず従うべきもの、とでもいえばいいか。

マ：成る程。それに対して「必要」とは従わざるを得ない、ということになるのですね。

ソ：そういうことだ。

マ：つまり「義務」は積極的な物、「必要」とは消極的な物である、と言えますね。

ソ：親は自分の産んだ子を育て養う「義務」があるが「必要」はない。つまりその気になれば、物理上・法律上は孤児院に放ったらかしにできるということさ。

マ：成る程。

ソ：さて、これらを考慮した上で、「我々」は真実を追求する「義務」はあるか、という質問を検討することとしよう。

マ：はい。

ソ：さて、「我々」を「哲学者」にした場合、「義務」はあると思うがね。というかないといけないわけだ。そもそも「哲学者」というのは真実、というか真理を探求するのをその職務としているわけだから、「真実を追求する者」は「真実を追求する義務はあるか」という随分とまた滑稽な質問が出来上がってしまう。これは確か、トートロジー、いわゆる同語反復というやつではないかね、あの論理学の。

マ：そうですね。

ソ：ということで「哲学者」は早急にこれで終わりにするとして、次に二番目にいくとしよう。つまり「我々」がこの問題を作っている委員会並びに受験生とする場合はどうなるか、ということになる。

マ：そうですね。

ソ：さてそもそもこの問題をつくっている人はどういう人たちなのだろうね。これは文系や理系とかに区分けされているみたいだが、どちらにせよ、「哲学」の問題である。だからこの問題の作成者も能力はともかくとして「哲学者」であるはずなのだが、どうなのかね。

マ：わからないですね。

ソ：まあ、実際の真偽はともかくとして、「哲学者」なら先ほど答えが出たので、改めて繰り返す必要はないだろう。ここではこの問題を受ける受験生に限定するとしよう。そしてその受験生の解いているこの問題はいわば卒業試験なわけで、学生だね？これから上の学校なり、社会に出ていくなりする？

マ：はい。

ソ：とするのならば、表面上はまあ、「あります」とか答えるしかないわけだね。しかし第三者であり、いかなる答えをしようとも害を被らない我々二人が真に考えてみるとしようではないか。

マ：はい。

ソ：しかしまあ、仮にこの試験に合格して、上の大学に行くとするならば、その大学ではやはり学ぶであろう。その内容がなんであれ、大学の理念はやはり学ぶことは間違いなく、また研究者への道等も行く人もいるだろうから、まあ真実を追求する「義務」はあると思うね。学ぶというのは、内容はなんであれ真実を知る、知ろうとする、ということだし、研究もまた真実を追求するわけだからね。そういったわけで、「真実を知ろうとする者」は「真実を追求する義務はあるか」というのはこれまた同語反復だからね。そして先ほどの内容の繰り返しになるけれど、「義務」はあるが「必要」があるかどうかはまた別問題だね。まあ残念なことではあるが、研究しなくても、つまり真実を追求していなくても、研究者の職を得ている人はいるわけなのだからね。まあ身分上はともかくとして、本質的な問題でその人間を「研究者」と言えるのかは甚だ怪しいがね。

マ：学んで生きるはずの学生も、実際は真実を知ろうとしていないのもたくさんいるわけですからね。

ソ：ということで話を最も広汎な方へと広げていこう。つまり国民全員、もっというならば人間全員だ。

マ：はい。

ソ：まず真実を追求する「義務」はともかくとして、「必要」はあるか、と聞かれれば私はない、と断言できるよ。

マ：それはなぜでしょうか。

ソ：簡単さ、別に追求しなくても生きていけるからだ。外に出て街中を歩いてみれば、いちいち長ったらしい論述をせずともいくらでも実証されるよ。真実を追求しないどころか、都合のいい嘘の方を信じて誤魔化しながら生きている人がどれだけいるか、いやでも目にするだろうよ。それでも生きていけるのだから、真実を追求する「必要」はないというわけさ。

マ：確かにそうですね。というか特に、ビジネスにおいてはそういう真実というのは邪魔になる気がします。街中の広告とかあれは半分詐欺みたいなものでしょう。なんというか商品はなんでもいいのですが、有名な美男美女をモデルにしてなんか優しそうな雰囲気をだして商品を広告するとか、なんというかイメージを膨らませているというか。例えばあるお菓子の広告でそれを美味しそうに食べている綺麗な女性のポスターとかもありますが、実際にその女性がそのお菓子を好きな確証はどこにもないわけですからね。

ソ：そうだね。

マ：アイドルとかなんてその極みでしょうね。はっきり言ってしまえば、ニコニコして客から金を搾り取る商売と言っても差し支えないわけですからね。でも、そういうことを知らなくて、仮に騙されて金をある程度注いでも生きていくことはできます。それにまあ、なんだかんだで人は幸福なのでしょう。むしろそういった仮面というかヴェールを剥いでいくと、なんというか不幸になる気がします。確かに金とかを毟り取られることは無くなるでしょうが、でも知らない方が幸福だったと思います。人と人との直接的な関係もそうかもしれませんね。

ソ：「真の真実が世の中に流す益は、見せかけの真実が世の中に流す益に到底及ばない」とか「我々は人との関係で、知っていることよりも知らないでいることによりその関係が保たれている」という言葉があるわけだからね。

マ：そうですね。

ソ：しかしまあ、その一方ビジネスにおいては真実を知ることもまた必要だがね。例えば、先ほどのアイドルの話を取り上げるとして、確かにそれは客を騙す商売ではあるだろう。しかしながら、そのアイドルを管理する者、つまり経営者はやはり真実を追求する「必要」はある。どういう人間をアイドルとして選びグループを作るか、どういう歌を作り、どういう会話をさせるか、どういうキャラ作りをするか、どうやっていけば売り上げが上がるか、その「真実」を追求する必要はあるね。極端な話、詐欺師もどうすれば騙せるかという「真実」が必要なのだ。

マ：確かにそうはなりますが。

ソ：しかしそれも「必要」なのであって「義務」ではないと言えるかもしれない。「義務」とはする必要がなくてもするということ。例えばアイドルとかでも、経営者が何もしなくてもアイドルが売れて勝手に金が入ってくる状態にあると仮定しよう。そして自分の手元に入ってくる金も権力ももう十分に満足したものでこれ以上いらない、と仮定しよう。つまり「必要」がないというのなら、それでもなおそういうキャラ作りとかなんとか、そういうことを考察するだろうか。

マ：確かにそういう状態になるとあまりするとは思えないですね。

ソ：「義務」というのはそういうことだ。少なくとも「義務」とは損得を超えたところにある。だがその「義務」とは何か？ そもそも真実を追求するどころかその「義務」なるものは果たしてこの世にあるのだろうか？ 確かに会社に就職して給料もらっているのなら働く「義務」はあるのかもしれない。しかし抜け道はいくらでもあるし、働かずに済ませることもできることがある。「義務」とは「～すべし」だが、当然それを実行に移さなければならない。つまり基本必ずやらなければならない。そうでもなければ形骸化するのだからね。しかし、真実の追及に限らずそんなことは果たしてあるのか？ 難しいね。

すべての真実は決定的なものであるか？／真実を放棄することはできるか？

Toute vérité est-elle définitive ?/ Peut-on renoncer à la vérité ?

（二〇一八、哲学／二〇一八、哲学）

ソクラテス：真実は決定的なものか、それはつまりその真実は誤謬というものが一切なく今後どう足掻いても覆らないものだということなのだろうが、ではどうだろう。

マテーシス：「真実」についての定義が必要ですね。

ソ：そうだね。

マ：結構言葉が紛らわしいと思います。つまり、真理、真実、事実、それとこの単語はあまり使われないですが事態、これらをそれぞれ簡単に考察する必要があると思います。

ソ：そうだね。ではまず「事態」はどういう意味だろうか？

マ：ありうるべき事実です。実際なかったとしてもですね。例えばアリストテレスの「ニコマコス倫理学」はギリシア語で書かれていますが、中国語で書かれていたということもあり得ます。「『ニコマコス倫理学』をアリストテレスは中国語で書いた」というのが「事態」ですね。

ソ：そして「『ニコマコス倫理学』はギリシア語で書かれた」が「事実」である、ということだね。

マ：はい、そして「事態」でもあります。ありうるべき事柄なので。

ソ：ということは、「事実」とは実際にあったことというわけだね。

マ：はい。

ソ：ではそれは「真実」とはどう違うのかね。

マ：「真実」は確証的に「事実」があったということですね。

ソ：つまり？

マ：説明が難しいですが、ある「事実」が正しいものと思い込んでいたけれど、後になって違った「事実」がわかる。その明らかになった「事実」こそが「真実」な訳です。推理小説系だとわかりやすいですね。密室殺人とかで誰が犯人かを推理していくわけですが、そこで色々な「事実」、というより「事実」らしきものが浮かんでくる、疑わしいものも確実なものも。そしてそれが二転三転しついに殺した犯人という「真実」が明らかになるというわけです。

ソ：本質的に「真実」と「事実」は同じということだ。では「真理」とはなんだろうか？

マ：「真理」とはまあ絶対的に正しいことですね。そしてそれは個別具体的なものではなく、普遍的な意味での正しいことです。哲学が扱うのはこの分野であり、時間や存在とは何かとか、そういったものの「真理」に到達しようとします。実際に到達したのかは知りませんがね。

ソ：そうかではそれらは決定的で覆るかどうかを各々見ていくとしよう。質問ではあくまでも

「真実」だが、四つとも考えたい。

マ：はい。

ソ：それで、まず「事態」についてだが、これは決定的でないのは明らかだ。とはいえ、「『ニコマコス倫理学』はアリストテレスが中国語で書いた」のは誤りだが、「『ニコマコス倫理学』はアリストテレスが中国語で書いたこともありえた」なら決定的と言えるかもしれないがね。どんなに可能性が低くともあり得たことはあり得たのだから。

マ：はい。

ソ：それで次は「事実」はどうかね。

マ：「昨日私は友人 a をカフェで見かけた」を事実としましょう。そして私がその翌日に見かけたのは全くの赤の他人だとします。すると、この「a を見かけた」というのが事実でなくなります。このことを鑑みれば、「事実」は決定的ではないと言えるでしょう。先程の推理小説の例も同じです。

ソ：しかしながらそもそも「αを見かけた」というのは「事実」ではない。あくまでも「事実だと思っていた」ということになる。

マ：確かにそうなります。そうなら「事実」ということ自体は決定的かもしれませんね。

ソ：そして「真実」というのは「事実」が確証的なものとなるわけだが、それは決定的なもので覆らないのだろうか？

マ：やはり「事実」と同じで、「真実だと思っていた」可能性がありますね。つまり「αを見かけたと事実として思っていたが翌日別の赤の他人を私が見かけたのが『真実』と知った。しかしその三日後くらいに実はあの人物はαの双子の兄だと知った」ということもあり得ます。あるいは先どの推理小説の例を挙げるとすれば、真犯人だと思っていたのがそうではなく更なる真犯人がいた、といった具合ですかね。

ソ：最後に「真理」はどうかね？

マ：それは覆らないものと私は考えます。もしも決定的でないのなら、それは「事実」や「真実」と同じで「『真理』だと思っていた、けれど違った」ということに過ぎないので。

ソ：なるほど。結局のところ言葉の定義の問題かね。

マ：そうですね。

ソ：しかしこのまま議論を切り上げるのも味気ないので、新たな疑問を提案したいと思う。つまり「事実」や「真理」が最初は本当に決定的だったのに、時代の経過等によって変わったとかそういったことはあり得ると思うかね？

マ：「事実」や「真実」はないと思いますね。というか一種の言葉の上での矛盾と言いますか。つまり「私が昨日友人αをカフェで見かけた」というのが完全に事実なのに、それが後になって事実でなくなるというならもはや過去を改変するしかないですね。タイムトラベルやらタイムパラドックスとかいうやつですかね。

ソ：まあ、そうだろうね。

マ：それであとは「真理」になります。

ソ：この場合、時代が流れ何か技術革新があったことにより、「真理」が「真理」でなくなることはありうるのではないかね。

マ：そうですね。例えば「人はいつかは死ぬ生き物だ」というのは「真理」ですが、医学が発展したことにより、その「真理」が「真理」でなくなることもあり得ますね。

ソ：とはいえ、「人はいつかは死ぬ生き物」というのも今の時代に限定しても「真理」とは限らないがね。単に我々が知らないだけで不死の人間もいるのかもしれないからね、あのラグナグの国のようにね。しかしともかく、仮にこれが「真理」だと仮定し、のちの医学の発展により人間の不死が達成されるようになったとしよう。この場合、わかりやすく言うと次の二種類が挙げられる。

1. 当初は決定的で放棄できぬ「真理」だったが、のちの事情の変遷により「真理」でなくなった。
2. もともと決定的で放棄できぬ「真理」ではなかった。

この二つがあるが、君はどちらを選ぶかね。

マ：うーん、2といえばそうですが、やはり1でしょうか。

ソ：やはり君なら1の方を選ぶね。私もそう思っていたよ。なぜならこういうことだ。「人はいつかは死ぬ生き物」が正しいのではなく、「『今の時代の』人はいつかは死ぬ生き物」というのが正しいからだ。あるいは「『今の医学技術だと』人はいつかは死ぬ生き物」でも良い。とにかく、言葉が足りなかったのだ。

マ：確かにそうなりますね。ということは、「『今の時代の』人はいつかは死ぬ生き物」が「真理」になるのでしょうか。

ソ：他に事情がなければね。

マ：なるほど。

ソ：「真理とは深さにあり」とはかのデモクリトスが述べているわけだが、こういう側面があるのだろう。根源的な部分は比較的早く見つかるが、どんどん色々な要素を鑑みていって「真理」のその根源的な部分を逐次修正していくという具合にね。

マ：なんか真理を求める哲学って編集作業みたいですね。

ソ：まあ、もちろんそれだけではないさ。中には考え方を根底からひっくり返してしまうようなこともあるさ。ビジネスの世界ではルールチェンジと言われるし、科学の世界ではパラダイムシフトとか言われたりしているね。

マ：しかしそれだと本当に「真理」なるものにたどり着けるのでしょうか。

ソ：むしろ、辿り着かない方がいいかもね。

マ：それは一体なぜでしょう。

ソ：やることがなくなるからね。スペインから派遣されたジェノヴァ出身の奴隷商人兼航海者も本当は大陸を発見したくなかったのかもね。探しているのが一番面白いのさ。芸術家だってなんだかんだで創作しているのが一番楽しく、終わってしまえば案外あっけないと聞くしね。

マ：では、ソクラテス、あなたはなんのために哲学するのですか？

ソ：暇つぶし。

著者紹介
高橋 昌久（たかはし・まさひさ）
哲学者。
カバーデザインも同氏による。
Twitter: @mathesisu

マテーシス流　バカロレア解答例集

2025年1月23日　第1刷発行

著　者　　高橋昌久
発行人　　大杉　剛
発行所　　株式会社 風詠社
〒553-0001　大阪市福島区海老江5-2-2 大拓ビル5-7階
TEL 06（6136）8657　https://fueisha.com/
発売元　　株式会社 星雲社（共同出版社・流通責任出版社）
〒112-0005　東京都文京区水道1-3-30
TEL 03（3868）3275
印刷・製本　小野高速印刷株式会社

ISBN978-4-434-34733-7 C0010